繊細すぎるあなたの恋のはじめ方

斎藤芳乃

はじめに

HSPのために恋愛でつまずきを感じていませんか？

昨今、HSPという言葉が一般的になってきました。

HSPとは、「Highly Sensitive Person（ハイリー・センシティブ・パーソン）」の略で、「非常に感受性が強く敏感な気質を持った人」という意味です。頭文字をとって「HSP（エイチ・エス・ピー）」と呼ばれています。

HSPは環境や性格などの後天的なものではなく、先天的な気質、すなわち生まれ持った性質です。

このHSPは、職場や友人付き合いにだけ当てはめられて考えられてきました。しかし、「特に恋愛面や、愛情をベースにした対人関係において、この性質が発揮される」人も、実は本当に多いのです。

私は10年間、花嫁学校マリアージュスクールという女性向けの恋愛・結婚の心理学専門学校を運営してきました。その中で、恋愛面で特に、このHSPの特性を持つ方が少なくなかったのです。

それだけ、女性にとって、恋愛は心揺さぶられるものである、ということです。

愛や感受性が豊かということは、本来、素晴らしいことでもあります。

ただ、あまりにも敏感すぎることで、結果的に恋愛で苦しんでしまったり、問題がないのに問題を作り出してしまったり……そうした方々も多かったのです。

本書は、単にHSPという性質に触れるだけではなく、「それが特に恋愛面で発揮されてしまう」という、繊細で愛情深い女性に向けて書かせていただきました。

そのため、「恋愛HSP」と名付けています。

本来あなたが持っている素晴らしい愛の深さや感受性を正しく使いこなせるようになり、あなたがこれ以上、愛で苦しまないように。そのための解説書となります。

この書籍が、繊細なあなたの心を守り、同時に、あなたの愛を正しく発揮しながら、素晴らしい愛情関係を作るためのバイブルになるよう心からお祈りしています。

斎藤芳乃

繊細すぎるあなたの恋のはじめ方

目次

CHAPTER 1 あなたの恋愛がうまくいかない理由

CHAPTER 2

傷つきやすい自分を変える方法

CHAPTER 3 大事にされる女性になるには

CHAPTER 4 繊細な私にピッタリなのは、どんな人？

CHAPTER 5

パートナーができたらすること、してはいけないこと

CHAPTER 6　二人でもっと幸せになるためにできること

あなたの恋愛HSP度チェック

あなたの恋の仕方に、「HSP度」はどれくらい関係している？

それではまずはじめに、あなたの「恋愛HSP度チェック」をしていきましょう。これらの項目は、「こうなるあなたが悪い」とあなたを罰するためのものではなく、「あなたがより繊細で、純粋すぎる」という、HSPの資質を証明するためのものになります。自分がHSPだとわかれば、もう繊細すぎる自分を責めることなく、その資質を適切に扱い、より素晴らしい方向へと発揮できるようになります。

そのため、もしも思い当たることがあれば、気軽にチェックしてみてくださいね。

恋愛を壊してしまう・物事を気にしすぎてしまう繊細レベルチェック項目

□私なんて誰も愛さないし、頑張って好かれても

どうせ離れてしまうという気持ちが拭えない

□相手が付き合ってくれたとしても、それは本当の自分を知らないからで、本当の自分を知ったら離れてしまうと恐れている

□自分よりも綺麗な女の子や若い子などはたくさんいるので、相手がそっちに行ってしまうことが怖い

□少しでも連絡が取れない時間があると、浮気されているかもしれない、裏切られているかもしれないと不安が止まらなくなる

□常に最初のテンションで、何でもしてくれたり、気を遣ってくれる状態ではないと愛されていないと思ってしまう

□過去、他の男性に裏切られたことや、嫌われたことを思い出してしまい、付き合った瞬間に不安で仕方なくなる

□相手が自分の期待通りに会話や対応をしてくれないと、相手の愛情が冷めたと思って、付き合っているのにとても孤独になる

□自分の不安や苦しみをすべて理解して受け止めてもらえないと、愛されていないと思い込み、苦しくなってしまう

□できれば、仕事や他の用事よりも、すべて自分のために時間を使ってもらいたいし、

それくらい離れている時間が不安で孤独で仕方がない

□常に緊張していて、相手にダメな自分を見せたら嫌われる、と思って、
リラックスして関係を作ることができない

□不安や苦しみをぶつけても、相手が受け止めてくれて、慰めてくれることが
愛情だと思っているし、不安や苦しみを自分で処理することもできない

□付き合っていると不安や苦しみが多くなり、結果的に、別れて一人でいる方が
ずっと楽、と思ってしまうことがある（実際に別れたこともある）

□自分が相手にとって迷惑なのではないか、という疑念を拭うことができない。
そのため、「別れよう」という言葉をすぐに思ったり、口にしてしまう

□相手を幸せにできていない、他の女性の方がずっと相手を幸せにできるし、
自分なんていない方が相手のためになる、と思ってしまう

□でも本当は迷う自分も苦しい自分も全部受け入れてほしいと思っている。
けれど、わがままを言ったら嫌われると思って、何一つ、自分の思っていること
は素直に話せない

□本当の自分、ありのままの自分で相手と接することが不安すぎて、
「こうしたら相手に好かれる」というテクニックばかり使ってしまう

□占い師に相談したり、占いを信じたり、恋愛テクニックで言われたことをそのまま当てはめて考えてしまう。「自分がどう思うか」は、よくわからない

繊細ゆえに恋愛がうまくいかない・男性とのコミュニケーションレベルチェック項目

□自分の意見や想いを伝えたら嫌われたり、怒られるかもしれないと常に怯えている

□一緒に楽しむよりも、嫌われないために会話してしまう

□相手の顔色や一言が気になりすぎて、いつも無意識に機嫌を取ってしまう

□何か質問されても、本当に思っていることを伝えていいかわからない

□好き、愛していると言われても、信じられない

□相手がいつも機嫌良くいてくれないと、冷められたと思って怖い

□常に、(夜中でも)優先してくれないと愛されていないと感じてしまう

□相手が友達と会うなどの予定があると、愛されていないと思う

□常に自分の気持ちを尋ねてくれないと、自分からは言えない

□相手から提案してくれないと、自分からは提案できない

□本音を伝える時、いつも嫌われるかもしれないという気持ちが拭えない
□会っていない時は、いつも不安
□好き、愛しているなどの言葉が減ると、愛されていないと思う
□ちょっとした「ここに行きたい」などのことも伝えられない
□どこまでわがままを言っていいのかわからない
□相手が「いいよ」と言ってくれても、本当かどうかわからずに本心を言えない
□一度、相手が機嫌悪くなったり、伝えたことをやってくれないと、絶望して二度と言わないと諦める
□怒ることができない。「あの時、本当は」と、ずっと後になってからしか言えない

チェックできましたか？

これらに、当てはまることが多ければ多いほど、あなたは「恋愛ＨＳＰ」の資質があると言えます。**愛について、繊細すぎる感受性を持っている**ということですね。

もしかしたら今までは、あなたが友人に相談した際に、「どうしてそこまで考えるの？」とか、「普通はそんな風に思わないよ」とか、「もっと自信を持ったら？」など、理解して

もらえなかったのではないでしょうか？

さらに、こうした会話をそのまま鵜呑みにしてしまい、「私が悪いのかも」とか、「私が普通じゃない、おかしいんだ」と、自分を責めてきたかもしれません。

その理由は、その友人はそこまで物事を繊細に捉えることをしていない、つまり、ＨＳＰの資質を持っていないということです。

だからこそ、繊細すぎるあなたの特性を理解することができなかったのです。

あなたは今まで、そんな風に恋愛ＨＳＰではない人と自分の差にも、とても傷ついてきてしまったかもしれませんね。

でも、もう大丈夫です。これから一緒に、恋愛ＨＳＰについて理解しながら、あなたが幸せになれる方法を学んでいきましょう。

そんな繊細なあなたでも、幸せな結婚はできる

チェック項目でチェックをつけてきたように、そしてその後の解説でもお伝えした通り、

実は「あなたの周囲の、あなたの気持ちを理解できない人たち」は、あなたほど物事をそこまで繊細に捉えていないのです。

それは単純に、「相手はそこまで繊細な感受性を持っていないから」ということになります。そして、あなたが今まで、パートナーや彼氏ともコミュニケーションがうまくいかなかったのは、この**「感受性の違い」**が原因です。

あなたが持ち合わせている感受性を相手は持っていないからこそ、あなたのことを理解できず、どんなにあなたが頑張って気持ちを説明しても、相手に合わせようとしても、二人の間に差が生まれてしまっていた、ということだったのです。

あなたの人間性がおかしいとか、あなたが恋愛できない体質だとか、そういったことではなく、「あなたが恋愛や愛情、人間関係において、とても繊細で敏感すぎる」ということが、すべての問題の根底だったということですね。

こうして、「感受性や感性に差がある」ということは、実は人間関係で、大変な苦しみを生み出します。なぜなら、まるで異国の習慣のように、相手にはまったく理解することができないし、想像もつかないためです。それは相手に悪気があるということではなく、単純に、「自分にはないので、そこまで想像できない」という能力的な差になります。

だからこそ、あなたに必要なことは、

1 あなた自身が、自分を繊細な人間として理解し、受け入れ、労《いたわ》り、誇りを持ち、普通の人とは差があることを認めること

2 その上で、その差にできるだけ傷つかないように、相手を理解すること

3 差があることを理解した上で、自分も楽で、相手にも伝わりやすいコミュニケーションを学び、実践すること

その三つのプロセスが必要になります。

今まであなたが苦しかったのは、こうした自分の繊細すぎる特性を理解せずに、理由も

わからず苦しみながらも「普通の」恋愛テクニックを学び、無理やり、それを実践してきたからです。繊細すぎるあなたにとっては、それらのテクニックは「強すぎる」こともありますし、テクニックでうまくいったとしても、その後、相手との関係性を上手にやり遂げることができなくなってしまいます。それ以上に、あなた自身があなたの扱い方がわからず、苦しみも強くなってしまいます。

ですので、本書では、あなたの繊細な感受性をベースにして、あなたの心に優先順位を置きながら、「繊細なあなたのまま、あなたがあなたを理解し、さらに相手とうまくいく方法」をお伝えしていきます。

繊細さんは、恋愛できないは本当？
実は男性からモテる繊細さん。繊細さんだからこそ、愛される

そして、こうした改善点だけではなく、繊細なあなたに知っておいてほしいことがあります。

それは、あなたはこうして繊細だからこそ苦労することも多かったけれど、同時にそれ

は、**「より深く繊細に相手の心を理解し、相手と一体化するような、親密で特別な愛も生み出すことができる」**ということです。

繊細だからこそ、相手の気持ちがわかりすぎる。それによって、相手はあなたに愛され、労られ、理解してもらうという、母親を超えたような愛を与えてもらうことができます。

繊細だからこそ、言葉や表現、感受性が豊かで、この世界の美しさや素晴らしさを相手に教え、分かち合い、四季の美しさや季節の空気の移り変わり、夕暮れの煌めきを知らなかった相手にもそれを伝えられるように、相手の人生をより豊かに彩ることができます。

繊細だからこそ、できることがある。

ただ傷つきやすい、消極的、うまく話せないなどだけではなく、繊細であるがゆえに、普通の人が持たないような世界の広がりを分かち合うこともできるのです。

今までは、とても苦しむことや、他の人と理解し得ないことばかりで、自分の特性について素晴らしいなどと、思えなかったかもしれません。もしかしたら、あなた自身でさえも、自分のことを持て余してきたこともあるかもしれません。

けれど、この世界は陰陽でできています。今までのあなたは、自分の特性の陰にばかり光を当てていただけなのです。

だからこそ、これ以上あなた自身を責めないであげてください。うまくいかないのはあなたが悪いのではなく、あなたの「性質」が、他の人と異なるからだけなのです。そして、今まではその使い方を、あなた自身もうまく理解できていなかったし、ケアできなかったし、それでは辛くなって当然だったのです。

でも、もうその運命も変えることができます。あなたはあなたの特性を知り、自分について マスターし、人との関係もうまく築けるようになり、さらに、あなたの特性の素晴らしい面で人と接し、より深い愛を必然として得られるようになります。

その未来を、これから一緒に摑んでいきましょう。

CHAPTER 1

あなたの恋愛がうまくいかない理由

「どうせ私がこじらせているから……」と自分を責めるのはストップ

私がいけないの？　私がダメだから愛されないの？　の誤解

恋愛HSPさんほど、何かうまくいかないことがあった時に、他責ではなく「私が悪い」というように、自責で考えがちです。その理由は、感受性があまりに強く、人一倍、人の気持ちに敏感だからこそ、同時に、**罪悪感も感じやすい**ためです。

あまり一般的には言及されていないことですが、罪悪感は、その人の感受性によって、感じる量が変化します。

感受性が豊かな人ほど、自分の豊かな感受性をベースにして相手のほんの少しの態度の変化や言葉の変化を感じ取り、「相手はもしかしたら、こんな風に傷つくかもしれない」とイメージしてしまうため、どうしても罪悪感を感じる深さや量が増えてしまいます。

けれど「普通の感受性」の人たちは、そこまで人の気持ちを深く追うことをしません。悪意があってしないのではなく、「そこまで考えないし、考えられない」のです。そのため、「私が悪いのかな」と考える発想もないのです。はっきりと相手に「お前が悪い」と言われて初めて自分の責を認識し、あるいは、そこまで言葉にされたとしても、「私は悪くないです」と言い返すだけのメンタルの強さを持っているのです。

例えば、相手が普段よりも少し言葉数が少ない場合。

HSPではない人たちは、事実だけを見て、「今日は機嫌が悪いな」とか、「なんか無口なのでほうっておこう」と、そこまで深く想像することはありません。面倒だな、と思うことさえあります。

でも、恋愛HSPの人たちは、「私がちょっと普段よりも元気がなかったから、相手はそのテンションの低さに気づいて、私と一緒にいることが面倒になってしまったのかもしれない」とか、「この前のラインで、私が上手に返事できなかったから、そのことについて怒っているのかな?」など、豊かな感受性で、あらゆる可能性を考えて相手の機嫌の悪さと結びつけます。

このように、他の人であれば、それほど「私が悪い」と感じないようなことであっても、感受性とイメージ力が豊かで、記憶力が良いからこそ、「私が悪いのかな」と、考えてしまいやすいのです。

まずは、「罪悪感を感じすぎるのが、私の特徴なんだ」ということを知っておきましょう。そして、「**必要以上に、自分の行動と相手のことを結びつけてしまっているんだな**」ということを、きちんと自覚していきましょう。

対処方法としては、「私のせいかな?」と思った瞬間に、「これは私の感受性やイメージ力が強いからそう思うだけで、実際は、相手の責任なんだ」というように、分けて考えるようにしていきましょう。

その上で、「今日は元気ないね、大丈夫?」というように、尋ねてみるようにしましょう。

こうすることで、勝手に相手のことを想像して苦しむのではなく、「気遣い」という素晴らしい形で、あなたの感受性を発揮することができます。

相手も人間です。上司に怒鳴られれば落ち込むこともありますし、仕事がうまくいかなければ、なかなか気分が晴れない時もあります。真実がわかれば、あなた自身を責めるのではなく、今度は相手を元気づけるために、優しさや励ましの言葉であなたの感受性を使ってあげることができますね。

このように、感受性は使い方次第で、劇的に良い方向へと変えることができるのです。

あなたの恋愛我慢度チェック項目

それでは次に、あなたの恋愛我慢度をチェックしていきましょう。

我慢の度合いというのも罪悪感と同じで、感受性次第で変わるものです。「相手の気持ちが想像つくので考えすぎてしまい、それゆえに悪い方向まで想定しすぎて、我慢しすぎてしまう」という苦しみを生み出してしまうんですね。

優しいからこそ、相手の気持ちを考えて、「私が我慢すれば相手は快適になる」と考えてしまう。繊細だからこそ、「こんなこと言われたらショックかな？」と想像しすぎて、言わないことを選んで、自分が苦しくなってしまう。

優しさも、繊細さも、諸刃《もろは》の剣《つるぎ》にもなります。良い方向に活かすことができればよいのですが、ネガティブな方向に使ってしまうと、それが自分を傷つける材料になってしまうのです。

だからこそ、その癖を改善していくためにも、まずは無意識的な我慢癖に気づいていきましょう。

- □相手が嫌がることを考えて、思ったことを伝えられない
- □断ったら嫌われそうで、小さなことも気軽に断ることができない
- □いつも正解を探していて、自分が思ったことをそのまま伝えられない
- □自分が思ったことを正直に話すよりも、好かれることを優先してしまう

□相手の間違いや矛盾を指摘できない。
あるいは、気づいても気のせいだと思ってしまう
□嫌われるのが怖くて、言葉が出てこないことがある
□嫌なことをされても、笑って誤魔化すことばかり
□積もり積もって我慢できなくなって、後から爆発してしまう
□ストレートに嫌だと伝えずに、わかってもらおうと遠回しにしか伝えられない
□意志を持っていても、それを率先しては伝えられない
□相手が尋ねてくれるまで待ってしまう、自分からは言えない
□黙っていても相手が気づくまで、態度や表情などでしか表現できない
□「あの時は本当は嫌だった」と、後になってつい言ってしまう
□嫌ならしないという選択ができずに、イヤイヤやってしまう
□苦しい、辛いなどは、自分からは言えない。
表情や雰囲気で相手に感じ取ってほしい
□やっと言えた時には爆発してしまい、いつまでも引きずる
□その場、その瞬間、嫌だなど言えない

チェックはいくつ、つきましたか？　たくさんのチェックがつけばつくほど、あなたが繊細で優しい人だという証拠です。

ただ、実際は、これらは「あなただから」そう思うことばかりなんですね。つまり、それほどまでに繊細ではない人からすれば、あなたが怖がっていることは、「普通に話してもらって良いこと」になります。

少し、他の人たちの会話を観察してみてください。あなたが「え？　そんなことまで言うの？」ということばかり、ストレートに話していませんか？　例えば「私はこれがしたい！」とか、「これは嫌だなあ」とか、「今日は具合悪いから行きたくない」などです。あなたから見れば、そんなことを伝えるなんてとんでもない、相手との関係を壊してしまうことだと、絶対的な禁止をかけているかもしれません。けれど、実は、これらは伝えられても相手は傷つきませんし、「言ってもらった方がより、スムーズにいくこと」になります。

あなたがどんな状態で、何が好きで嫌なのか。はっきり伝えてもらった方が、あなたを大好きなパートナーも、あなたのことを理解できるからです。

それを鑑みて、今後は少しずつ、怖がらずにあなたの意志を伝えてみてください。その瞬間は怖くても、驚くほど、受け入れてもらえるはずです。

本当は、繊細な人は素晴らしい恋愛ができる！にもかかわらず、恋愛がうまくいかない理由

本当は、あなたのように優しく、人の気持ちを想像できる人ほど、素晴らしい恋愛をすることができます。感受性が豊かだからこそ、相手の喜怒哀楽に寄り添いながら、時には親以上の味方になることもできますし、この世界の素晴らしさをあなたを通してパートナーにも伝えられるからです。

繊細さとは、喜びを生み出す素敵な力なのです。

けれど、にもかかわらず、今まであなたの恋愛がうまくいかなかったのは、なぜでしょうか？

その理由は、あなたの繊細さを、喜びと愛を生み出す方に使うのではなく、**恐れと不安**

を生み出すことに使ってしまっていたからです。

人には想像力というものがあります。そして、恋愛HSPさんは、感受性が豊かだからこそ、想像力がとても豊かなのです。それをプラスに使うことができれば、パートナーに寄り添い、味方になり、世界の素晴らしさを教えてあげる、そんな素敵な分かち合いに使うことができます。

が、もしもマイナスに使ってしまうと、「会っていない時、浮気してるんじゃないかと疑う」「ほんの少しでも相手と意見が違うと、怖くなって嫌われる恐れでいっぱいになって、楽しめない」など、どんどん悪い方向へと向かってしまうのです。

感受性が豊かで、想像力がある。その力は、どちらにも使うことができるということですね。

ですので、あなたの想像力を、普段からプラスに使っていくことを意識してみてください。相手のことを思いやることに想像力を使う。二人が幸せになるために想像力を使う。二人が何をしたら楽しいのか、それを探すために想像力を使う。

こうすることで、今まで相手に怯えてばかりだったあなたも、「相手が持たない豊かな感受性という素晴らしい個性」によって、二人の関係性を喜びに変えていくことができます。

すると、不安や恐怖ばかりではなく、二人の間にどんどん楽しいこと、嬉しいことが増えていき、それがやがて、かけがえのない絆となって、「決して離れたくない」そんな愛に変わっていくのです。

想像力は、プラスに使っていく。覚えておいてくださいね。

相手の言動に一喜一憂でヘトヘトになってしまう癖をどうにかしたい！

これも、恋愛HSPさん特有の「想像力」と「相手の気持ちを考える力」によって、生まれてしまうマイナスの癖です。

ただ、相手が少し考え事をしていただけなのに、「今、返事がいつもより元気がなかった。私と一緒にいるのが楽しくないのかな？　飽きたのかな？」など、どんどんマイナスの想像を膨らませてしまうのです。

けれど、そうした時ほど、実際には相手はそんなことを考えていないことが、ほとんどです。

実は、繊細な感受性を持つＨＳＰの人は、**物事に対する集中力も人一倍持っている**んですね。そのため、「自分の立場で考えてみると」、例えば相手が話をしている時に気が逸れるなんてほとんどないし、特に好きな相手であれば、ものすごく集中して、あらゆることを記憶しながら接していることと思います。

でも、ＨＳＰではない人にとっては、ふと集中力が別に逸れることもあるのです。例えば、歩いていて見た看板に、次のゲームの発売日が書いてあった。「あ、そうなんだ」と、その瞬間、気を取られてしまう。でもこれは、あなたのことを愛していないからそうなっているのではなく、**あなたほど、一つのことに集中できない**からこそ起きている「差」になります。

このように、時には「自分だったら、こうだから」と考えるのをやめることも、二人の関係性のためには大切なことなのです。

そして、集中力がたまに切れるからといって、それはあなたを愛していないということとはまったく別の問題だ、ということも覚えておいてくださいね。あなたと一緒にいるということは、あなたが好きだから時間を使っている、ということの、何よりの証明になるのです。ただ、感受性が豊かなあなたのように、あらゆる言葉で、あらゆる表現で、それを上手に表せないだけ。

こうして「違い」を知っておくと、今までのように相手に一喜一憂するのではなく、「あ、私とは違うんだな」と、余裕を持って相手を理解することができます。そう、理解するということも、一つの大切な愛の形なのです。

普通の人と繊細さんの決定的な違い

それではここで、より具体的に、恋愛HSPの人と、そうではない人の違いをわかりやすくまとめたので見ていきましょう。

1 それほど気にしていない、それほど考えていない

恋愛HSPさんは、たくさんの物事を考えて、相手の気持ちも120％考えてしまいます。けれど、そうではない人は、あなたほどたくさんのことを考えているわけではないことが多いです。あなたが気にすることの十分の一も、相手は気にしていないことがあります。

2 思ったことは口にできている

恋愛HSPさんは、とてもとても我慢をしたり、自分よりも相手を優先して発言することが多いですよね。けれど、そうではない人は、基本的に思ったことをそのまま発言していることがほとんどです。例えば、「大丈夫だよ」と言った時は、相手を心配させまいとして言っているのではなく、本当に大丈夫なことがほとんど、ということです。

3 言葉ではなくても行動で示している

恋愛HSPさんは、感受性が豊かなため、その感受性に響く言葉や感性で、愛情表現をしてほしいと考えがちです。けれど、そうではない人は、そこまで豊かな言葉を持っておらず、表現したくても言葉が足りないこともしばしばあります。でも、その代わりに、「一緒にいる」や、「時間を使う」など、行動で愛情をすでに表現していることが多いのです。

4 一度伝えたら、それは真実

恋愛HSPさんは、相手が伝えてくれたことを「それは本当なの？」と、つい確認したくなるかもしれません。けれど、大丈夫。例えば愛していると言ってくれたら、それは真実です。そして、試し行為をせずにその言葉をまっすぐに受け取ることで、相手との信頼関係を作ることができます。

Column

繊細さんの安らげる場所の見つけ方

職場や日常がストレスフルであるからこそ、安心できるサードプレイスが必要です。仕事終わりや休日は自分の感性をのびのびと解放できる場所に身を置いてください。

○自分の適性とマッチしているかどうか

自分に合わない環境では、どんなに良い人間関係が得られても苦痛に感じます。例えば趣味のサークルで、自分のしたいことに没頭できるのはいいけれど、メンバー内のマウンティング合戦がひどく、苦しい思いをしているケースがあります。

同じ趣味のサークルなら、どこも似たようなものなのでは？　と思うかもしれませんが、人の質によってそのコミュニティがどんな空気感なのか、文化があるのかが異なります。別のサークルに入ってみたら、みんな好き勝手にやっていて一つの価値観の中で争ったりしないサークルも多数あります。

職場や友人関係、親戚付き合い、趣味、居住地などは、そこがどういった経緯で形成されてきたものなのかで意味合いや漂う雰囲気が変わります。空気感に人は大きく影響を受けてしまうので、合わないものには極力関わりを最低限にし、自分と波長の合う場所に身を置く機会を意識して増やしましょう。

◯自分の安全な陣地があるかどうか

繊細さんは安全な家の中にいても、急に誰かが入ってきたりする環境だと安らげません。ですから、自分だけのプライベートな空間やセキュリティがしっかりしている場所、安心できる周りの人が管理している空間を持っておくことが大事です。

誰かが気軽に入ってこれる環境では、その刺激で過去のトラウマがフラッシュバックしやすいので、管理人がいたり店主が気を配って安全を守っている場所を選んでください。

◯自分の気質と同じ人が集まっているかどうか

異なる価値観の人たちが多い場所に行くと、自分もそうならなくてはと気にしてしまうので、なるべく同じ価値観を持っているコミュニティに属することが大切です。自分の素を変え明るく振る舞い、ノリの良い人たちと溶け込もうとしても苦しくなってしまいます。

運動したいから近所で一番安いジムに行く、絵を習いたいから有名な先生がやっている絵画教室に行くなど、目的で行く場所を選ぶ人がほとんどです。ですが、同じ気質の人が集まっているかどうかも、とても大事なことです。目的が達成される場所かどうかも大事ですが、そこにいる人たちが話しやすく付き合いやすい人たちかどうかも、よく見て判断してみてください。

◯相手が境界線を持って接してくれるかどうか

とてもいいホテルに宿泊したりすると、コンシェルジュの方は親切丁寧に接してくれますが、変に話しかけたりしません。自分の心の安全性を守るために、相手がどういったスタンスで接してくれる場所なのかを確認するようにしましょう。

繊細さんはちょっとしたことにもこだわりを持っているので、旅行先や多くの時間を過ごす場所は厳選してほしいのです。

友人や恋人を選ぶ基準としても、相手が「こうしたらいいんじゃない」と気軽に境界線に侵入してこないかどうか、配慮があるかを確認するようにしてください。

◯安心感を感じられるものを持っておく

自分が心から安心できるものがあれば、普段からカバンの中に忍ばせておいてもいいですね。例えばぬいぐるみやキャラグッズなどです。「大人だったら変」「普通は持ってないよ」と揶揄する人もいるかもしれませんが、周りの声よりも自分が快適に感じる状態を優先してください。

CHAPTER 2

傷つきやすい自分を変える方法

「繊細すぎてもう疲れた!」を癒す

モラハラ、セクハラ、DV――ひどい男性を見分けて、断る自己防衛術

繊細さんが上手に生きるためには、「そもそもあなたを傷つける人」をきちんと見分ける必要があります。けれど、繊細な人ほど優しく、感受性が豊かなため、「人を見分けて判断するなんて、そんな差別的なことはできない」と思ってしまう人も多いんですね。

ただ、こうしてあなたの優しさや感受性を誰にでも差し出してしまっていると、そうした**優しさや感受性を持たない人から利用されたり、何度も傷つけられてしまいます**。だからこそ、きちんと相手を見分けるという作業が必要になるのです。

相手を見分ける際は、次のステップを軸にしてみましょう。

1 「一般的に」ではなく、「自分がどうか」で考える

大切なことは、自分がどう感じるか。一般的に正しいか正しくないか、あの人は我慢できる、などは関係なく、「繊細な私」に寄り添って、その自分がどう思うかを基準にしてみましょう。

そして、自分が嫌だと感じるのであれば断る。もし断れない場合は距離をおく。このように、「自分を守る」プロセスを大切にしてみてください。

2 最初から「我慢」がないかどうか

繊細さゆえに生きづらさを感じながらも、その感受性を抑えることを癖にしてしまっていませんか？　実は、繊細さんほど感受性が豊かにもかかわらず、その感受性を肯定できていない人が多いのです。

その理由は、繊細であることを否定されてきたから。面倒だ、そんなことばっかり言って、と否定されればされるほど、「自分の感受性を肯定してはいけない」と我慢するようになってしまったのです。

でも、もうその我慢をやめて、自分の感受性を肯定してあげましょう。あなたに無理を強いる人がいれば、それは、その人から去っていいサインです。

3 途中で変わっていい

人はどうしても、誰でも最初はよく思われたい。その一心で、「良い人」として過剰に振る舞うことがあります。これはわざとというよりも、「好かれたい」という想いがあるからこその振る舞いです。

ただ、こうした「相手の変化」をわかっていないと、途中で相手がなおざりに変わってしまった時に、また我慢し続けることに……。

だからこそ、相手が変わったのであれば、自分も変わった相手に合わせて距離感を変えていいことを覚えておきましょう。

4 「気にしすぎ?」を否定しない

繊細だからこそ、その敏感な感受性で、ちょっとした一言や相手の態度から、男性の人柄をなんとなく感じてしまうことも多いと思います。けれど、ここで繊細さんがやりがちなのが、「でもこんなこと気にしたらいけない？」と、相手の態度が気になった自分を否定してしまうのです。

けれど、こうした「違和感」こそ、実は大切なポイントです。あなたが一つ気になったということは、その下には、もっと相手の本性が隠されています。店員さんに横柄だった、生活がだらしない、女性との交流が異様にある、など……。

違和感を感じたことがあれば、それはあなたの感受性が「危険」と教えてくれているのかもしれません。その違和感を肯定して、相手との距離をきちんととっていきましょう。

女友達が敵！　上手にマウンティングを避ける方法は？

あなたが気をつけるべきなのは、異性だけではなく同性もです。同性だからといって安心できるわけではなく、「同性だからこそ」、傷つけられることも多いのです。

特に女性同士は、「男性にモテるかどうか」「自分よりも女性らしいかどうか」「自分よりも優しいかどうか」など、「女性としての価値」で自分や他人を値踏みするところがあります。そしてそれは、あなたが悪いかどうか、あなたに非があるかどうかで起きるのではなく、むしろ、あなたが優れているからこそ、嫉妬からそうしたライバル心に巻き込まれてしまうこともあります。

そのため、何も防衛することなく素のままで無防備に接していると、途端に傷つけられてショックを受けることもあるのです。

そこで、女性との関係では、次のことを心がけてみましょう。

【1】あなたが悪くなくても、あなたが優れていることで相手が嫉妬することがある

【2】あなたが優しければ優しいほど、八つ当たりをされることがある

【3】あなたが相手に配慮すればするほど、相手は傲慢になることがある

【4】あなたが幸せにしているほど、妬んで引きずり下ろそうとする人もいる

【5】あなたが相手の悪口を言わなければ言わないほど、相手の攻撃の的になることがある

もう気づいたかもしれませんね。そう、これらはすべて、**あなたの問題ではなく「相手の問題」**です。

相手があなたの素晴らしい部分に甘えたり、敵意を抱いている場合も多いのです。

繊細な人ほど、こうしたケースで「私が悪いんだ」「何か悪いことしてしまったのかな」と、もっと相手に配慮したり、もっと相手に尽くしたりすることがあります。けれど、実際にはあなたの予想とは真逆のこと（相手に問題がある）がほとんどのため、真剣に悩めば悩むほど、相手の餌食になってしまうんですね。

ですので、「私が悪い」を卒業して、そろそろ自分を守ることを始めましょう。優しい人ほど傷ついて苦しむ、そんなことがあってはいけないのです。

好き・嫌いの選別がはっきりしていることは悪いことじゃない。いい人すぎてボランティア恋愛になる癖をやめよう

繊細な人は優しいからこそ、人一倍、「自分がされたら嫌なこと」に敏感です。それゆえに、どうしても自分目線で物事を考えてしまい、いつも相手に配慮しすぎて疲れてしまう人が多いのです。

特に、「こんなことを言ったら悪いかな」「断ったらきっと傷ついてしまうだろう」という思いから、相手の気持ちに反することはぐっと我慢してしまうことで、断れない、嫌がっていても言えない、自分が辛くても尽くしてしまう、それゆえに苦しい関わりをやめてもらえないというような、言いなりの恋愛になりがちです。気づいた頃には相手のために犠牲になって、心身ともにボロボロになってしまうことも……。

もちろん、相手が好きで大切だという想いは素晴らしいことですが、けれど、ここで重要なことは、「恋愛においては相手もあなたも対等だ」ということです。

どちらかが**配慮したり、尽くしすぎるのでは成り立ちません。**対等な立場ではっきりと

意思表示をしてこそ、初めて相手と同じ立場で大切にされる恋愛が成立するのです。

だからこそ、「これはしてもらって嬉しい」「これはしないでほしい」ということを、恋愛初期の段階から相手に伝えるように心がけましょう。もし相手が尊重しないのであれば、相手は対等な関係を望んでいないということ。離れるべき相手です。

また、「これをされたら苦しい」という自分の気持ちを尊重しながら、最初から自分が犠牲に感じることはしないように心がけましょう。

この二つができるようになることで、相手に対する過剰な配慮、でも自分は犠牲になる……というようなアンバランスな関係を終わらせることができます。

繊細さとはまた別の次元で、恋愛とは対等なものなのです。それゆえに、あなたも配慮し、相手も配慮してくれる。あなたも与え、相手も与えてくれる。そのルールを、まずはあなたが守ることから始めていきましょう。

「私だけいつも不幸」から脱するための思考術

他人を見ると、いつも幸せそうに見えて、どうしても「自分だけがいつも不幸」な気がしてしまう……。繊細な人ほど、こうした被害者意識が強く出ることがあります。けれど実は、こう思ってしまうことも理由があるのです。

それは、「繊細さゆえに、人一倍、人に優しく、人を優先し、人の気持ちを慮《おもんぱか》り、人のために生きる」ことを、無意識にしてしまうからです。つまり、自分が犠牲になるようなことを自然にしてしまうんですね。

繊細＝優しい。そのために、「普通の人だったらやらないこと」も相手にやってあげてしまったり、「普通の人だったら悪気もなく断れること」も断れずに引き受けてしまう……。

優しさは、人生で最大の美徳です。でも、それゆえに、繊細な人は損をすることも多いため、気づけば「どうして私だけが不幸なの？」と思うような犠牲を、あえて引き受けてしまっているということが起きているんですね。人が引き受けない・嫌がるようなこと、普通だったら断れるようなことも断らないからこそ、**「あなただけが割に合わないことを背負わされている」**のです。

けれど、ここでとても大切なことは、だからといって、あなたの優しさや相手への配慮が悪いということではない、ということです。優しさは、人が生きる上で最大の美徳であり、人としての素晴らしさです。だからまずは、その優しさを心から認め、誇りに思ってあげましょう。

ただ一点だけ、その優しさゆえに、「自分よりも人に共感し、人を必要以上に優先してしまう癖」だけは、今後、しないように心がけてみましょう。同時に、「他人と同じように自分も大切にする」ことをしてあげてください。

こうして「必要以上に尽くさない」を心がけるだけで、進んで犠牲になるパターンを終わらせることができます。また、「他人に尽くすよりも先に、自分に尽くす」を癖にしていくことで、さらにあなたを尊重し、犠牲から守る人生を始めることができます。

あなたの優しさは素晴らしいものです。だからこそ、傷ついた繊細な自分のために、その優しさを使ってあげてくださいね。

相手の気持ちを察しすぎない。
疲れてしんどくなる「お察し」をやめるために

あの人はどう思っているだろう。あの時こんなことを言ってしまって、気を悪くしたかもしれない。もっともっと他に伝え方があったのに、あの言い方では、もしかしたら嫌われたかもしれない……。

繊細な人は、その感受性ゆえに、あらゆることの可能性を考えることが上手です。「自分自身が感じることが多いので他人もきっと同じだと思ってしまう」からこそ、少し会話しただけでも、豊かな感受性を使ってあらゆるパターンを想像し、その結果、自分がどっと疲れてしまうのです。

繊細さんが疲れやすいのは、こうした**「豊かなイメージ」による影響**も大きいんですね。

けれど、ここで大切なことがあります。それは、あなたほど色々なことを気にしていない場合も多い、ということです。

感受性が豊かで繊細な人は、やはり、この世界において少数派です。それゆえに、「そこまで気にしない」「そこまで深く捉えて考えていない」という人も多いのです。

でも、それでも気になるという人は、一度、**相手に尋ねてみましょう**。その結果、「気にしていない」という回答であれば、相手はあなたほど繊細で敏感に物事を捉える気質ではない、ということです。

こうして違いがはっきりわかると、「そこまでこの人に対して気を遣う必要はないんだ」と、緊張をほどくことができます。それでもまだ気になるのであれば、「もし何かあったら直接言ってね」と約束しておけば、あなたが必要以上に気を遣う前に、相手が伝えてくれるという良い関係性を創ることができます。

こうして人間関係は、お互いに違いを知りながら、擦り合わせながら関係を深めていくことができます。あなただけが背負って苦しまなくていい、相手の大らかさ、寛大さに安心して委ねることも、あなたを楽にしてくれるのです。

自分を守る自尊心・自己防衛のパターンを作る

繊細さんが自分の心を守るためには、「自分の心の説明書」を作ることが大切です。「心の説明書」とは、自分を守る自尊心を持ち、それを完全にパターン化し、規則正しく守るということです。

なぜここまでルール化するのかというと、パターン化していないと、その時その時で感受性を働かせてしまい、「あの人はこうだったかな」「この場合はどうなんだろう」と、常に自分をすり減らしながら、相手のことを考える癖をやめられないからです。

けれど、これを法則的にパターン化してしまえば、その**ルールを守るだけでいい**ので、「相手に対して悩む」時間をグッと減らすことができます。

それではここで、自尊心・自己防衛のパターンを一緒に作ってみましょう。

【1】荒い言葉遣い・話し方をする人からは離れる

【2】あなたが大切にしている想いなどを大切にしてくれない人からは距離をおく
【3】あなたが尊重されていないと感じる会話・行動をする人からは距離をおく
【4】あなたが伝えても謝らない・態度を変えない人からは距離をおく
【5】あなたの美的センスや価値基準に合わない人とは距離をおく

この反対に、これらの基準に合う人であれば、より親密になっていってもいいことになります。

ここで大切なのは、この説明書を作る時に、よくよく自分のことを知っておくことです。「私はこれが尊重されていないと感じる」「この話し方をする人は乱暴そうで苦手」というように、あなたの感受性を基準にして、あなたのルールを作っていきましょう。

このように、あなたがあなたの感受性についてよく知り、「嫌だ」「好きだ」をはっきりさせることで、傷ついたり言い合ったりする前に、ノータイムで自分を守りながら人間関係を構築することができます。

また、これと同時に、「どの距離感であれば傷つかないのか」を一緒に考えておきましょう。例えば、「仕事の話をする分なら特に傷つかないので付き合っても大丈夫」というようにです。

自分の心を守るということは、**自分の感受性や想いを基準にして、それを人生の中心に**にしながら生きるということです。

あなたがあなたを知れば知るほど、どんどん生きやすくなっていきます。ぜひ試してみてくださいね。

人に頼ったり、甘える練習。一人で抱え込まないための心のレッスン

私たちはこの世界において、たった一人で孤独に生きているわけではありません。あらゆる場面で、自分ができないことは人に助けを借りながら、生きることができます。

ただ、繊細さんほど、実はこの「甘える・頼る」が難しかったりするのです。その理由は、「こんなことを言ったら迷惑になるのではないか」「これを言ったら嫌われるのではな

いか」と、マイナスのことをイメージしすぎてしまうからです。
なので、普通に仲の良い関係性であれば、気軽に行うような会話ですら、言えなくなってしまうんですね。

このように、感受性の敏感さは、コントロールしてあげないと、「マイナスのイメージ」にもふんだんに使われてしまいます。だからこそ、ここで大切なことは、自分自身の感受性で考える世界と、他人の世界は別だということです。

これは、他人があなたのように敏感ではないと貶めることではなく、人はそれぞれ違った価値観を持っているため、あなたが考えるように捉えることばかりではない、という事実をニュートラルに知っていく必要がある、ということです。

例えば、あなたが「もし私が頼んで気を悪くしたらどうしよう」と考えたとしても、世界には、「頼まれて嬉しい。信頼してくれてありがとう」と考える人もいます。これは、相手が繊細かそうではないかとは別に、相手が持っている価値観によるのです。

そのため、甘えることにハードルを高く感じてしまう前に、「相手を知っていく」というプロセスを付け加えてみましょう。最初から甘えることを前提にするのではなく、**「あなたはこういうのはどう思う？」**と確認してみるのです。

こうすることで、「私は甘えられて嬉しい」とか、「あまり甘えられるのは依存的で苦手」など、実際の場面に入る前に、相手の基準を知ることができます。

このように、コミュニケーションをとる際には、「その前の相手を知るステップ」を踏んであげると、実際に頼む場面のハードルもグッと下がりますし、自分と相手の基準が違って相手に負担をかけてしまう、自分も傷つくという恐れも回避することができます。

繊細な感受性を持っていたとしても、たった一つのプロセスを付け加えてあげるだけで、自分を守りながら、相手も尊重しながら生きることは可能なのです。

繊細じゃない人のパートナーシップ、繊細な人のパートナーシップの違い

人にはそれぞれ感受性があります。けれど、その感受性はもちろん個体差があり、繊細

さも敏感さも異なるものなんですね。

それゆえに、「あの人は繊細か、そうではないか」と大雑把に考えるよりも、**「人それぞれ、繊細な部分とそうではない部分がある」**というように考える方が、より明確に、相手とスムーズなコミュニケーションをとれるようになります。

ここでは、二つのプロセスを学んでいきましょう。

1 相手が繊細かそうではないかという基準ではなく、「相手がどの部分に繊細なのか」を知るようにする

人はそれぞれ、「その部分だけとてもこだわりが強い」など、個性や特徴を持っています。ある男性は、車に関してはとても繊細な感受性を持っていて、細部や表現の仕方まで気を遣っています。が、掃除や洗濯といった家事についてはそこまでこだわりを持っておらず、多少散らかっていても「綺麗だよね」という感性でした。

このように、「人によってこだわりや繊細な部分は異なる」ため、繊細さんは、まずは

相手のこのこだわりを知っていきましょう。

2 相手が繊細に考える部分は、その基準に合わせる。でも、そうではない部分は、相手の大らかさに委ね、任せる

こうして相手の繊細な部分、そうではない部分を知れたら、次は、「相手に委ねる・任せる・基準を合わせる」ということをしていきます。

例えば、前例の男性であれば、車に関しては繊細な感受性を持っているので、そこに合わせて自分も話をする。でも、普段の掃除や家事については、そこまで相手はこだわっておらず、とても大らかに捉えてくれるので、「自分もそこまで神経質になる必要はないんだ」と、相手に合わせてみましょう。

こうすることで、「また完璧ではない」など、自罰しすぎることもなく、相手に怯える必要もなく、リラックスして相手の大らかさに委ねながら、一緒に過ごせるようになります。

繊細な人ほど、どうしてもあらゆることに完璧になりすぎてしまい、そこを気にするあまりに人と親密になれず、自分も許せず、気疲れで苦しくなって自爆してしまうことが少なくありません。

でも、愛とは支え合うもの。そして、**お互いに許し合うこと**です。相手が持っている基準を取り入れることができれば、自分の繊細さですら、大らかに変えていくこともできます。

こうして許されることを基準にして考えていくと、パートナーシップは繊細ゆえに苦しむものではなく、あなたを解放してくれる素晴らしい手段の一つになるのです。

我慢癖を卒業する練習

繊細さんが苦しまない愛を始めるためには、我慢癖を卒業することが必須です。

その理由は、

「繊細であるゆえに色々なことを考えすぎてしまい、相手に伝えられなくなり、結果的に何も言えずに苦しむ」

「相手も我慢しているのであなたのことを知ることができずに、知っていれば気遣えるけれど、知らないために無神経のように振る舞ってしまい、自分でも気づかないうちにあなたを傷つけ、追い詰めてしまう」

という、とてもちぐはぐなことが起きてしまうからです。

繊細な感受性が、悪い方向に使われてしまっているケースですね。

こうした場合は、感受性の使い方を工夫することが大切です。

一つめは、「相手のことを自分基準で考えすぎて何も言えなくなるのではなく、自分のことを知ってもらうために話をしていく」ということ。つまり、相手基準で生きるのではなく、少しだけ自己尊重する気持ちを持って、「私はこう」と伝えていく必要があるのです。

本来、コミュニケーションの本質は「お互いに伝え合うことで、お互いのことを知っていくこと」です。**相手のことをエスパーのように感じ取って一方的に合わせることは、コミュニケーションとは言えません。**

なので、繊細さを気疲れに使ってしまっている部分を、**「自分を伝えていく」ということに変えて**いきます。こうすることで、相手はあなたを正しく知ることができるようになり、結果、あなたも我慢せずに済むようになるのです。

そして二つめは、繊細な感受性は、プラスの方向に使うようにしていきましょう。例えば、相手の顔色をうかがうのではなく、あなたが好きな景色や好きなレストランなどを教えて、一緒にそこに行って楽しむ。相手が気づいていない素晴らしさに気づき、それを伝えてあげるなどです。

繊細な感受性も、それを「相手の顔色をうかがう」「自分が我慢する」ということに使えば、どこまでも自分を犠牲にする要素になってしまいます。でも、こうしてあなたの繊細さを素晴らしい表現、普通の人ができないような世界の見方、相手を光に導くような捉え方に使っていけば、どんどん二人の関係性をよくすることができます。

素晴らしい資質も、それをマイナスにも、プラスにも変えることができる。素敵なあなたを活かせるように心がけて、素晴らしい愛を手に入れる自信に変えていきましょう。

顔色をうかがいたくなったらどうすればいい？
今までの恐れのコミュニケーションパターンを変える

繊細さんのパターンとして、「自分の感受性を総動員して、相手の気持ちを自分の感受性を基準に考えて、思い悩む」というものがあります。

これは、繊細であるゆえに、あらゆるパターンの悪い可能性を考えられる、豊かなイマジネーションを持っているということになります。言い換えれば、自分の繊細性で、恐れをどこまでも強められてしまうのです。

こうして自分のイマジネーションを常に悪い方向に使っていると、あらゆることを想定して、相手を100％気遣い、相手を100％よいしょし、相手に100％合わせなければならなくなり、結果的に「いつも気苦労しかしない恋愛」となってしまいます。

まずは「繊細性を使って、悪いイマジネーションをする」という癖を手放すようにしていきましょう。

そのためには、「自分の想像（妄想）の中で相手とのことを考えるのではなく、相手に尋ねることをしていく」ということが大切です。

自分の妄想で考えた、恐ろしい相手に接するのではなく、「私はこうやって勝手に思ってしまっているけれど、相手は本当はどうなんだろう？」と、ワンクッション入れてみるのです。

そして実際に、相手の顔色をうかがうのではなく相手を観察してみたり、「これはどう思う？」というように、尋ねてみます。すると、相手は相手の基準を教えてくれるため、その基準に合わせて行動すればよくなるわけです。

恐れとは、このように、実際に起きていることではなく、私たちの心の中で創り上げたものであることも少なくありません。

実際に、あまりにも相手の機嫌を取っていたけれど、相手に本音を聞いたところ、「そこまで気にしてない」と言われたカップルのケースもあります。

自分の中の妄想で、勝手に恐れ、勝手に気遣い、勝手に苦しくなってしまっていたんですね。

もちろん、そうして人に気遣えることは素晴らしい感受性です。だからこそ、その感受性は、妄想に使うのではなく、目の前の相手が優しさを欲していたり、してもらいたいと願っている、その部分に使っていきましょう。

こうして少し工夫していくだけで、「繊細すぎるから疲れるんだ」と、愛に絶望することもなくなるのです。

どうしても自分に自信を持てない時の対処法

もっと人と堂々と接したい。自分の良いところを認めているつもりなのに、でも、どうしても自信を持てない……。

繊細さんは、生きる基準が高く、とても真面目で謙虚な人が多いため、自信を持つということに苦手意識を感じる人がとても多いです。特に、自信を持つことが傲慢なように思えて、その振る舞いが他人を傷つけるのではないかと恐れてしまう人も少なくありません。

それほどまでに、いつも他人に優しくあろうとされているのですね。これは、本当に素晴らしいことです。

また、とても繊細できめ細やかな感受性を持っているため、どうしても「完璧なもの」を目指してしまい、「この程度で自信を持っていいのだろうか？」と、完璧主義になりがちです。そのため、自信を持つことにハードルが高くなってしまうのです。

ただ、こうした感受性のため、あまりにも自信を持つことについて敏感になってしまうと、今度はいつまでも自分を肯定してあげることができずに、あなただけが苦しむことになります。

そのため、「感受性のハードルをいったん下げる」ということが大切です。

「感受性のハードルを下げる」とは、言い換えれば、基準をもう少し緩やかにして考えるということです。

- 完璧ではなくても、「できた」ことがあれば自分を褒めて認める
- 「できる他人」を基準にするのではなく、できなかった自分ができるようになった変化を褒めて認める
- 最高のパフォーマンスができなくても、「やれた」などがあれば褒める

自分の高すぎる基準に達しなくても、一つ一つ努力していることを認める

こうして感受性の高すぎる部分を緩やかにしてみると、自分を肯定し、認められる要素をたくさん見つけ出すことができます。

同時に、自分に密やかに自信を持ったからといって、それは傲慢になり他人を傷つけることにはなりません。自信とは、見せびらかすためのものではなく、**「自分自身の力を自分が信じること」**という、大切な自己信頼であることを忘れないようにしましょう。

このように、感受性の敏感さを理解し、自分自身への接し方も変えていくことで、生きやすい人生を送れるようになっていくのです。

不適切な相手からは逃げていい。自分を守る技術

どうしても世界には、色々な人が存在しています。そして中には、弱い人をいじめたいと思うサディスティックな性癖を持っていたり、そもそも人生に不満があって、自分に逆

らわない人を選んでその人にフラストレーションをぶつけたいと思っているなど、こうした「自分とは違う基準で生きている」人も存在しているのです。

ただ、繊細さんは、こうした「相手を悪とするような考え」がとても苦手です。「そんな風に相手を悪いと思うなんて」と、優しさゆえに、相手を庇《かば》ってしまう傾向があります。

さらに、相手を庇うだけではなく、「私が悪いから相手がそうなるんだ」と、自分を責める方向に感受性を使ってしまうのです。

けれど、こうして事実をきちんとみることなく、相手を庇い、私が悪いとする生き方を続けていると、何度も何度も不適切な人に出会い、傷つき、別れ、ボロボロになるという恋愛を繰り返すことになります。

こうしたあなたが辛いパターンをやめるためにも、「相手を庇う」「私が悪い」と、ノータイムで考えてしまうことを、卒業していきましょう。

そして、このようにあなたの感受性を通して相手を判断するのではなく、「自分の感受性とは関係なく、**相手には相手の気質がある**」という事実を取り入れていきましょう。

事実を基準として考えていくとは、**感受性を入れずに「観察する」**ということです。

「観察」の期間を取り入れてみると、

「私の態度とは関係なく、この人は弱い人に威張りたいんだ」

「私が悪いか悪くないかとは別に、相手はそもそも乱暴なんだ」

というように、「相手そのものの姿」が見えてきます。

感受性が豊かということは、その感受性を通して物事を見てしまう、ということです。でも、それをするからこそ、相手の本当の姿が見えなくなってしまう。だからこそ、感受性というあなたの思い込みを通さずに相手を客観的に観察することで、相手の気質が理解できるようになるのです。

こうして観察が終わったら、そこで初めて、「その相手の気質があなたに合うかどうか」を考えて、相手との関係性を深めるかどうかを決めていきましょう。

もしも相手の気質がそもそもあなたと違いすぎるのであれば、それはあなたにふさわしくないということです。

「私が悪い」「私がこうだから、きっと相手もこう」という見方は、相手のニュートラルな姿を見えなくしてしまうんですね。でも、こうして観察する癖を取り入れることで、あなたを守りながら生きられるようになります。

繊細なあなたにふさわしい相手を見つけられるように、あなた自身も新しい基準を取り入れていきましょう。

怖い！　相手から拒絶される恐れを変えていくための心理術

繊細さんにとって最大の恐怖は、「嫌われること」です。誰よりも優しく、人の気持ちに敏感で、相手を傷つけることを恐れているからこそ、ほんの少しの言い間違いでも相手を傷つけるのではないか、それによって、二度と自分は受け入れてもらえないのではないかと、先回りして最悪の可能性をシミュレーションしてしまうのです。

しかし、こうしてあまりにも先回りして嫌われないようにしていると、結果的に、相手に気を遣いすぎて奴隷のようになってしまったり、普通ならNOと言うべきところでNOと言えずに犠牲的な恋愛になったりと、苦しむ羽目になります。


それを避けるためには、「嫌われないために」とあなたの感受性を使うのではなく、

「人の意見は異なることもある」

「異なったとしても、その違いを踏まえた上で、人は協力し合える」

「異なったとしても、それは嫌いということではないため、今度はお互いが違うというところに繊細さを使って配慮していく」

というように、あなたのコミュニケーションパターンを変えてみましょう。


例えば、今までなら相手に嫌われることを恐れてNOと言えなかった部分については、「相手と違う自分に配慮する」というように、**自分に対して繊細さを使っていきます。**

そして、「ここは違うからできないけれど、これならできる」というように、できる部分で関わるようにしていきましょう。

具体的には、相手があまり食事に気を遣わない人で、自分がとても食事にこだわるのであれば、相手に合わせて自分も適当にする……というのではなく、「私はこの部分にこだわりがあるから、こうしたいな」と、提案していく、というようにです。

実際に、こうした新しいパターンを取り入れて、「自分の感受性やこだわりを提案する」ことをしたカップルは、彼の方がこだわりを持っていなかったのに、彼女があまりにも素晴らしいレストランやホテル、旅行や家具、休日の過ごし方などを提案してくれるため、彼一人だけではできなかった生き方ができるようになり、人生がとても豊かになった、というケースもあります。

相手に合わせることだけが人生の正解ではないのです。

あなたの感受性はとても素晴らしいもの。だからこそ、人が気づかないような世界の素晴らしさに気づき、人が見逃してしまうような美しさを見つけることもできます。

こうして感受性を「嫌われないために使う」のではなく、「活かしながら豊かに使う」ことで、こんなにも愛も世界も広がっていくことを忘れないであげてくださいね。

Column

「私の取扱説明書」を作ってみましょう

繊細さは、自分でその基準を知れば知るほど、明確に人に伝えることができるようになり、トラブルがなくなっていく。かつ、それを活かして良い方向に関係性を広げることもできます。

ただ、自分でも自分の繊細さがどんなものなのか、具体的に知らなければ、ただ混乱し、ただ傷つく人生になってしまいます。

ここでは、下記のことを基準として、あなたの繊細さが具体的にどんなものかを知って、今後の人生に活かせるようにしていきましょう。

- どんな言葉や相手の態度が好きで、苦手なのか
- どんな生き方や価値観が好きで、苦手なのか
- どんな人の態度が苦手で、怖いと感じるのか
- 特にこだわりや美的センスを持っている部分は、どんな部分なのか
- 怖いと感じる時は、どんな時なのか

あなた自身が何が好きで、何に興味を持てないのか
日常生活で特にこだわりを持っている部分は何か
相手がそれをしないと傷ついた・嫌だと感じる部分はどんな部分か
自分にとって大切にしている・譲れない価値観はどんなものなのか
自分が体調や精神的に崩れる時はどんな時なのか
何をしたら体調や精神的に回復できるのか
人生で一番優先していることはどんなことなのか
喜びや楽しさを感じる瞬間はどんな時なのか

こうして自分の基準を知っていくことで、「私はこういう感受性を持っている」「私はこれが嫌でこれが好き」ということが明確になります。その結果、「感受性に合わない人からは離れる」「自分を大切にできる」など、自分に優しい生き方ができるようになっていくのです。

「感受性が豊かで感じすぎることが悪い」ということはありません。正しく自分を知り、正しく自分を守ることができれば、その感受性ゆえに、人生はどんどん豊かに喜びあふれるものに変えていけるのです。

CHAPTER 3

大事にされる女性になるには

まずは自分で自分に優しくするために

繊細さんが守るべき「愛される自尊心ルール」の作り方

第1章では「繊細さであることを受け入れ、労り、誇りを持つこと」が大切だとお伝えしました。繊細であることは、現代ではしばしばマイナスの特徴であると捉えられがちです。なぜ自分がこんなにも繊細なのかと自分を責めて悩む方も多いです。

しかし、繊細な気質は元々持って生まれたもの。捻じ曲げて無理に変える必要はないんですね。

ただし、自分が繊細であることを自覚して、自分を守っていく必要があります。繊細であることで人から傷つけられたりひどい目にあって苦しんできたのは、自分の自尊心を取り扱うルールを教わったことがなかったからです。決して、繊細であること自体が問題ではありません。

それでは、繊細である自分を肯定しながらどう生きればいいのか、具体的なルールをお伝えします。

自分が実際に傷ついたことを過去から思い出してみる

瞬時に「自分が傷つくかどうか」をその場で判断することは、誰でも難しいことです。ですから、過去に聞いてみましょう。あなたが過去、どういう人に、何を言われた時に、どんな時に傷ついたのかを書き出し視覚化していくのです。

ノートに最近思いついた、傷ついた体験を書いてみてください。直近の記憶から、その少し前に遡るイメージを持つと、思い出しやすくなります。下記のポイントを押さえつつ、思い出してみましょう。

（いつ）
（どこで）
（誰に）
（何をされたのか）

こうして自分の過去のトラウマを書き出してみると、自分が苦手な人や嫌いな場面、傷つきやすい言葉が明確にわかりますね。

例えば男性から「お前」と言われたり、これからの夢を言ったら「そんなの無理だよね」と冷たく否定されたり。

自分自身が傷ついた法則性を過去から読み解くことができれば、それはあなたが回避すべきポイントとして押さえておいてください。

自分なりのルールを設けて、現実に該当する場面や人に出くわしたら、すぐに離れるようにしていきましょう。苦手な対象が明確になるほど、事前に察知することができるようになります。この人は危険な人なんだと即時に判断でき、相手のペースに巻き込まれることなく自分を守れるようになります。

❀自分の感受性に従う

自分の感受性に従うというのは、他人の言うことよりも自分の心が傷ついたり、嫌だ、苦しいと感じることに敏感になるということです。そして反対に自分の心が嬉しい、楽だ、この人は優しいというようなプラスの感情、こうした個人的な感覚を第一に考えることを指しています。

繊細な人は、他人の意見や周りの判断というものを必要以上に気にしてしまいます。しかし、あなたが健やかに生きるためには、他人の意見よりもあなたの心を最優先にしなくてはなりません。普通の人の感覚は繊細な感性とは一致しないものです。ですから、無理に合わせる必要はないのです。

自分の心を最優先することができると、生きることがとても楽になり、自分のことを守ることができるようになります。繊細なあなたは、今まで他人の意見ばかり気にしてきたかもしれませんが、まずこの癖をつけていきましょう。

自己肯定感を上げる、自尊心を高めると聞いてもピンとこなかったかもしれませんが、**感受性を大切にすることを学ぶと「自分を愛する」ことの本質がわかる**ようになります。

わかり合えない相手からは離れる

繊細な人は相手を理解し受け止めようとする傾向があるため、頑張ればお互いに理解し合えるかもしれないと思いがちです。しかし相手が繊細、あるいは優しさや愛という感受性を優先していない場合もあります。歩み寄りができない相手もいるのです。その場合は、相手から離れる決断をしなければなりません。

優しいあなたはグレーな関係にしたり、相手が悪意のあることをしていないにもかかわらず、疎遠にしてしまうことが辛いかもしれません。しかしこれは相手との関係を諦めているのではなく、お互いの特性を尊重し合って離れるというれっきとした他者尊重なのです。

「私は繊細である」「あなたは繊細ではない」、そしてお互いに一緒にいる努力ができないのであれば、お互いにありのままでいるためにも、一緒にいない方がいい。

あなたの繊細さを思い切って伝えたにもかかわらず、相手が理解したり歩み寄ろうとしなかったとしても、私は伝えたのだからそれでいいという風に完結しましょう。新しくあなたを迎えてくれる人と、また関係を作っていければいいのです。

相手の行動に一喜一憂。自己価値が下がってしまう試し行動をやめる方法

繊細な方は相手の機嫌や考えていること、相手が自分のことを本当に好きなのかなど、逐一気にしてしまいます。感じ取るポイントが人よりはるかに多いため、相手のちょっとした表情の変化や言葉で不安になりやすく、相手の本音を確認するために相手に「これは大丈夫？」「気にしてないかな？」と質問したり、試すような言動を取ってしまいます。

例えばラインを送ったけれど、返信がなかなか来ない場合。気づかないうちに機嫌を損ねるようなことを言ってしまったのかと夜中に急に電話して機嫌を確認してみる、という

行為がそれに該当します。

また、相手の愛情や好意を確かめるために、わざとつれない態度をしてみたり連絡を控えてみたりとあの手この手を使って確認してしまう。

最初は相手もあなたの好意になんとか応えようと頑張ってくれますが、確認の頻度が多すぎたり、対応に困ることが続くと疲弊して「本当なのになんでそんなに聞くの？」「疑われているのが辛い」「あまり一緒にいたくない」と関係が悪くなってしまうことも多いのです。

覚えておいてほしいのが、不安で「大丈夫？」と聞いている時は、相手のことではなく自分の気持ちを優先してしまっているということです。他人の機嫌をうかがっているように見えて、自分の不安を大事にしているということですね。

ですから、まずは相手が正直に言ってくれていることを優先すること。

普通の人の「大丈夫」という感覚は、繊細な人の持つ「大丈夫」とはかなり異なります。繊細な人は何度も何度も確認した上でないと、「大丈夫」だと思えませんが、普通の人はもっと大らかで確かな感覚として「大丈夫」だと判断しています。実際、普通の人の感覚で判断していることで、大丈夫なことはたくさんありますよね。

自分の心から湧き上がる不安に耳を傾けずに、相手の言っている表面上の言葉や態度を一度は信じてみる。不安を検証して解消しようとせずに、相手を信じて委《ゆだ》ねることで、試し行動の癖はなくなっていきます。

溺愛される女性は繊細

ここまでで繊細な人のネガティブな側面についていくつか触れてきました。

ですが、繊細な感受性を持っていることは本来素晴らしいことです。普通の人が気づかないようなことに気づくことができるので、特性を上手に使えば人生を豊かにすることができるんですね。

普通の男性だと、女性から繊細に気遣ってもらえると「何て優しい人なんだろう」と感動します。なぜなら普通の女性は、結構わがままだったりするからです。

「疲れて休みたいから、男性の方からおしゃれでいい感じのカフェを探して提案してほしい」とか、「私の誕生日はずっとほしいと思っていたブランド物の指輪を察知してプレゼントしてほしい。それくらいわかるよね」などですね。ましてや、男性同士の関係性だとお互いを慮ることなく、その場の空気や同調圧力で時間を過ごすことはザラにあるのです。

一方、繊細な方の場合は、「相手が疲れていそうだから、カフェに行きたいと言ってもいいかな。買い物が終わったら誘ってみよう」と考えて言うタイミングを計ったり、「指輪がほしいけど高いからと引かれないかな」など逡巡してしまうことが多いですよね。こうした気遣いや思いやりは相手にとって、とても嬉しいものなのです。

加えて、普通の人がスルーしてしまうようなことに喜びを感じるので、人生を彩り豊かにできます。

例えば「レストランで出された料理だけではなく、お皿のセンスにも目が行きお店の美意識の行き届いていることに気づく」だったり、「相手のメールの微細な言葉遣いから滲み出る優しさをしっかり受け取ることができる」などですね。

お金やプレゼントといった明確な形ではなくとも、相手の気遣いや思いやり、美的感覚やセンスを感じ取りしっかりと味わうことができるのは、繊細な人だけです。

こうした心の琴線に触れたことを他人にも伝えるようにすれば、一緒にいる人も新しいことに気づけたり、世界の喜びを楽しむことができるのです。何も特別なことをしなくても、人生をより楽しいものにできるのは、繊細な人ならではです。

自分に自信がなく、「相手を楽しませられているのかな」「私なんてつまらないし」と気にしがちな繊細さんですが、実は一緒にいると相手にとっては刺激的でとても新鮮な体験ができるタイプの人なんです。

あなたは一緒にいるだけで人生をより楽しめるものにしてくれて、人を尊重することもできる素敵な人です。繊細であることで打ちのめされてしまうこともありますが、そのことはどうか、忘れないでいてください。

恋愛上手なあの人の「気にしないスルースキル」を取り入れてみる

恋愛上手でそばから見ていて、憧れる人がいますね。どうしてあの人はあんなにうまく立ち回れるのかと、自分を振り返って責めてしまったり……。

その際に思い出してほしいのは、恋愛上手な人はとても大らかだということ。モテる女性は気遣い上手、配慮上手と言われていますが、それだけではなく心の許容量が大きいことが多いのです。

男性が何かカチンとするようなことを言ったとしても、スルーして許す。仮に指摘して喧嘩になったとしても、相手が謝ったらちゃんと許す。気持ちの切り替えが早いですし、受け止める力があります。

一方、繊細さんは自分の気にする力、考える力をマイナスなことに使ってしまうと人間関係にヒビが入りやすくなってしまいます。

「謝ったのに、いつまでも気にしてずっと言ってくる」「まだそんなこと気にしているの?」と思われたり。「そんなに細かいことを言われても合わせるのが辛い」と思われて、相手を追い詰めてしまったりします。相手が辛そうにしているのを見ると、繊細さんは余計に理解してもらえなくて悲しい、苦しい思いを引きずってしまいます。負のループですね。

相手が謝っていること。そしてきちんと行動を改めてくれているのであれば、自分もそれ以上は気にしない。そのためには「相手がどうしていきたいのか」「これから二人でどうするのか」にフォーカスして話し合っていくことが大切です。**未来を見ることで、過去を振り返り思い出を引きずり続けるのを防ぐ**ことができます。

二人で一日の終わりには連絡すると約束していたのに、忙しくてできなかったら「スタンプを送るだけでいい」とか「事前に忙しい時期を伝えておく」など。場合によっては、一日の終わりに連絡する約束自体を見直すこともあるかもしれません。

お互いが快適に一緒にいるために、どう行動するのか。終わってしまった過去のことではなく、未来に向けた試行錯誤に時間を使うことを意識してみてください。

自分らしい個性で
恋愛の新しいルールに仕立て上げる

世の中にはたくさんのデートマニュアルが出回っています。

男性に決定権を渡してヒーローにしてあげれば、相手がいい気持ちになり好きになってくれる。カップルで行くと楽しいデートコースを参考にして、その順序で行ってみる。真面目なあなたはそうした情報を自分で調べて、参考にしているかもしれませんね。

しかし、あなたには繊細だという生まれ持った才能があるのです。どこかにある理想の関係やデートプランに合わせようとせずに、**あなたの感性を活かしたものに仕立て直しましょう。**

例えば、休日に二人で一緒にどこか行くことを考える時。相手が車が好きなことを知っていて、あなたは自然が好き。素晴らしい場所も調べたり、いくつか知っていたりする。あなたなりに、デートを楽しむコツもわかっている。それであれば、自分でプランを組んで相手に案内してみましょう。

「この場所を車でドライブしてみない？　このカフェに行って名物のパフェを食べて、水族館で人気のペンギンを見ようよ」と、あなたであれば素敵なプランを考えられるはずです。

感受性は上手に使えば、喜びをいくらでも生み出すことができます。あなたの相手を思いやる気持ちと、独自の観点で楽しい二人の世界を一緒に創造していきましょう。喜びの世界に導く才能があるのですから、使わないともったいないのです。受け身をやめることで、あなたの恋愛は劇的に変わっていきます。

「背伸びしないと嫌われる」と思っていない？
無理せず素敵な相手とつながる自己肯定レッスン

繊細さんは恋愛をする際に、とても疲れやすい特性があります。

それは繊細さを自覚して、直そうとしたり隠そうとするからです。面倒くさい女だと思われたくない、重たく思われないように自分の性根を隠そう、隠そうとする人がとても多いのです。

特に恋愛の初期、出会いたてや付き合いたての時は、相手にそれと悟られないようにかなり頑張っている女性は多いのではないでしょうか。ラインのメッセージの文面に気をつけて、押し付けがましさや馴れ馴れしさが出ないように、時間をかけて推敲したり。明るくて楽しい性格だと思われたくて、相手と会っている時は妙にテンションを高くしてみたり。

その頑張りはとても素晴らしいものですが、あなたが薄々気がついているように、**偽の**

自分を装って振る舞っても、いつかはボロが出ます。頑張りの度合いが高ければ高いほど、恋愛という長く深い付き合いの中ではずっと続けていくことが難しくなるのです。

また、本来の自分を出してしまって、相手の反応が「今まではいつもニコニコしていたのに」「なんか変わった?」と心が離れて、あなたに対する印象がこれまでと違うことに気づくと、あなたも自分に幻滅して大きなダメージを負ってしまいます。「ああ、どうしていつも私はダメなんだろう……」といつまでもクヨクヨしてしまう原因です。

嫌われないように自分を変えなくてはと追い詰めるのは、もうやめましょう。「私は繊細な人間なのだから仕方ない」と認めてしまった方が楽になりますし、相手との関係性も変わります。

自分を認める時に必要なのが、自己開示です。「私は細かいことを気にしてしまうから、相手に決めて引っ張ってもらった方が助かる。あなたに任せてもいい?」または「自分でこうしたいというこだわりが強いから、自分で決めた方が楽。今週のデート先は私に任せてくれない?」と相手に伝える。これが肝要です。

理由と解決策をあわせて伝えれば、歩み寄る気持ちのある人であれば、対応してくれます。または、一緒に快適に時間を過ごせるように、工夫してくれるでしょう。

「私なんてどうせ」は卒業。体をケアして本当の美しさを保つ

繊細な人は、感受性のアンテナが外に向かって伸びています。外の気温、天気の変化、湿度、相手の表情、服装、会話、喋り声、周りの人の目……。その分、自分の気持ちや体に意識を向けることが、普通の人より苦手な傾向があります。気がついたら体がカチカチに固まっていたり、風邪を引いているのに気づかずこじらせてしまう人も多いのです。

繊細さんは意識を外に向けがち、我慢しがちだからこそ、自分を意識的に大切にする時間をしっかりと設けましょう。この時間は自分を癒すために使う、と決めるのです。

休む時は五感を使って自分を癒すのがおすすめです。

いい香りのお香を焚いてみたり、柔らかいお布団の上で体を休めてみたり。心地よい風の吹くテラスで鳥の声を聞き、大好きな美味しいものを食べる。五感を使うことで、感受性に刺激が入り、体の芯からリラックスすることができます。思い切って、ちょっといいホテルに泊まったりするのもいいですね。

何より、体をしっかり休めた方がメンタルも安定しやすくなります。繊細だからこそ、こんな風に傷ついたり疲れてしまう。繊細だからこそ、しょうがない。自分のことを受け入れながら、しっかりとケアしてあげましょう。

繊細な感受性を魅力に変えるレッスン

繊細な感受性は、見た目の美しさにも活かすことができます。

自分のこだわりや美的センスは、どんどん深めていきましょう。まつ毛一本の長さやカール具合にこだわりがある。お気に入りのファンデーションで、徹底的に美肌を目指す。爪の形がいつもスクエアになるように気をつけている。洋服は必ず、アイロンをかけてから着るようにする。

自分自身が本当に美しいと思うものを追求する。自分がよくないと思うものは耐えられないからやめる。

こんな風に、自分のこだわりを見た目や装いに反映していってほしいのです。**「これが流行っている」とか「みんなこうしている」というのは、傍らに置いておきましょう。**

「天然美人ならこんなに頑張らなくても、綺麗に見えるのかな」「大した顔でもないのに、こんな風にこだわるのはみっともないかな」と自分のこだわりを封殺しようとしなくてもいいのです。世間一般で良しとされているものよりも、自分が素敵だと思っていることを追求した方が、人は美しく見えます。

おしゃれな人は、流行りを読んで合わせるよりも自分なりの好みや着こなしを優先しています。その方が人が真似できない独自の美しさが滲み出るからなんですね。女優やモデルさんも見た目が生まれつき恵まれているだけでなく、細かいところにこだわっていたりします。それは他人が容易に到達できない魅力です。活かさないともったいないですから、あなたの美的センスをぜひ目に見える形で表現していきましょう。

いたいけな少女のように、「できない私」を愛してもらう

小さい女の子が、お母さんのそばにいたくてモジモジしながら黙って母親の袖を引っ張る姿。自分ではまだできないのに、一生懸命に自転車に乗ろうと頑張る姿。

道端や公共の場で見かけると、微笑ましさのあまりこちらの顔も緩んでしまいますね。思わず優しく守ってあげたくなります。実は大人になっても、痛々しくない「いじらしい可愛さ」は作り出すことができます。

それは自分の繊細さを認め、相手に素直に助けてもらうようにすること。

繊細な人は強く完璧で、すべてを自分でこなす鉄の女になることは不可能です。自分の本当の姿を否定して、無理をしてもいつかはボロが出ると前にお伝えしました。そのため

の解決策が**「気にするからやめてほしい」（理由）＋「一緒にやってほしい」（依頼）**です。

一緒にやってほしいとお願いするなんて、迷惑ではと思ってしまう繊細さんは多いです。

ですが、普通の感受性の人は誰かに頼られることをさほど気にしていません。繊細な人も、誰かに「あなたに任せるとちゃんとやってくれるから嬉しい」と頼まれたら、やってあげたいと思いますし、「頼られているんだ」と自尊心も上がりますね。

それと同じように、周りの人もあなたに頼られて感謝されたらとても嬉しいのです。頼ることは相手の自己肯定感につながりますから、恐れずに頼っていきましょう。ぶりっこしたり、変に甘えなくても相手に大切にされることはできるのです。

言葉遣い一つで、相手が自然と愛してしまう自尊心会話レッスン

相手から自然と愛されるようになる、というとわざとらしく何かを言ったり装ったりすることなのでは、と思う方もいるでしょうか。

相手の好意を誘導するのは、綺麗な言葉で固めた嘘偽りや恋愛テクニックではありません。それはあなたが日常生活の中で感じた、繊細な心の機微や感動を相手に丁寧に伝えるということです。

あなたが**日常の中で思っては消えていく心の声を言葉に出して**みてください。「今日、カフェに行く時にドアを開けてくれたの、気遣いを感じてすごく嬉しかった」「私の体調に気を遣いながらいつも行動してくれているよね」「この前、似合うって言ったシャツをまた着てくれたんだね、ありがとう」など、感動したり嬉しく思ったことを口に出すと、相手はあなたが褒めたように行動します。

あなたの感動を守りたい、また褒められたいという気持ちが行動を誘発するのです。人は**言葉で言われた通りに洗脳**されてしまう側面があります。ですから、それを逆手に取って利用するのです。

「私ができなかったお風呂場の掃除をしてくれてありがとうね」「あなたの助けがあったからこそ、無事にプロジェクトを進められた」。こんな風に些細なことを取り上げて感動してくれたり、褒めてくれる人は滅多にいません。あなたの繊細さを表現するだけで、世界で唯一の女性になれるのです。

こんな人はなかなかいないと思えば、それだけで相手は自然とあなた以外が目に入らなくなります。見た目を磨いたり、思わせぶりな仕草をしなくても、あなたのままでいるだけで溺愛されるようになれるのです。

Column

自信を失った時こそ見てほしい。繊細さんの魅力ポイント

繊細さんは婚活の場では自信を失いやすいです。ですが、魅力はたくさんあります。自己肯定感を下げないためにも、心が揺らぐ時ほど自分の魅力を確かめましょう。

○相手のために親以上に親身になれる

他人の目を気にして察することができるのは、相手への優しさや感度が優れているためです。誰かのために、その人の親以上に心を寄せられるのは繊細さんだけです。

○誰にも真似できないセンスと専門性

美的センスや生活環境へのこだわり、職人気質や専門性など繊細さんならではの何かが

あるはずです。素晴らしいものに出会える力があります。

◯相手を助ける力

相手がちょっとため息をついただけでも心情を察することができます。相手をサポートするためにとても貴重な能力なのです。

◯自分の感性を仕事に活かせる

繊細さんは感受性が優れているために、それを仕事に活かしやすいです。他の人が持ち得ないこだわりを発揮できるので、誰にも真似できない存在になることができます。

◯空気のコーディネーターになれる

人の気持ちをわかってあげられる能力は他人を癒すことができます。その場の雰囲気を変えたり緩衝材になることに優れています。

◯改善につなげる力

様々なことに気づく力は、改善につなげることで誰かの人生や組織をより強いものに導くことができます。居る環境を良くしていける才能を持っています。想像力をプラスのことに向けて未来のために前進する力も秘めています。

◯マイペースな部分の強靭性

繊細さんは気にする箇所とそうでない箇所に極端な差があります。人付き合いで傷つきやすい分、人との接触がないとマイペースに仕事をすることができます。自分のマイペースな部分を仕事に活かすと、無敵の存在になれます。

CHAPTER 4

繊細な私にピッタリなのは、どんな人？

運命の相手をあなた自身に問いかける

相性の悪い男性の特徴を見抜く「私の感覚」

現代で厄介なのが、世間一般的な「普通」や「常識」に関した情報がたくさん出回っていることです。

例えば、婚活に関して「女性がモテるのは30代中盤まで。それを超えたら妥協すること」「年収が高くて性格に難のない男性は希少なので、見かけたらすぐに付き合うこと。脇目なんか振っていたら、すぐに他の人に取られてしまう」「素敵な女性は周りがほうっておかないので、20代前半で結婚しているはず。それまでに相手が見つからなかった人は、結婚も厳しい」などです。

あなたもどこかで見たり聞いたりして、落ち込んだり急かされるような気持ちになったことがあるのではないでしょうか。

恋愛を有利に進めるために、結婚した平均年齢や年齢別の平均収入、相手選びの条件などの調査データもよくネットで掲示され、流布しています。その情報は一側面から見れば確かに真実ではありますが、気をつけてほしいのが、**繊細さんは「普通」や「常識」にとらわれるとうまくいかなくなりやすい**ことです。

それというのも、繊細さんのこだわりや感受性は人一倍強く、一般的な感覚とは合わないことがほとんどだからです。自分の価値観と世間一般の価値観にズレがある場合、繊細さんは自分の感受性を押し込めて、大多数の方に合わせようとしてしまいます。ですが、その自己犠牲はいずれ自分を消耗させます。恋愛関係に早期に破綻が訪れやすいのはこのためです。

例えば、「高身長でちゃんとした仕事についていて、高収入の独身男性は全体のうちのたった約3％。滅多に自然に出会えないのだから、相手に求める条件としてせめて高い身長は諦めるべき」と言われることもあります。
「体の特徴は生まれつきなので、そんなことで人を避けるのはおかしい」とも。

ですが、繊細さんの感覚は、あなたの心のコアな部分から訴えかけてくるもの。「身長は低いけど、性格はいい人なんだから我慢しなきゃ」「相手の言葉遣いが気になるけど、友達からは男性は口がうまくないものだから、許してあげなよって言われた。会うのが億劫な気持ちもあるけど頑張ろう」と自分の心を騙し騙し恋愛しようと思っても、うまくいきません。

一緒にいることを無意識のうちに避けようとして、連絡するのが遅れたり、会っている最中の笑顔が不自然でぎこちないものになってしまったりするでしょう。それでは、あなたのせっかくの魅力もなかなか相手に伝わりません。本当は素敵な人でも、疲れていてちょっと不機嫌だったり他人行儀になりすぎたら、相手に悪印象になってしまいます。

ですから、自分の心の声にしたがって男性のNGリストを作ってみましょう。過去に出会った男性の中で、こういう人が嫌だった、気になったという点をあげてみてほしいのです。付き合った人でも、知人でも、偶然その時会っただけの人でも構いません。

「こんなことを嫌うなんておこがましいのでは」という気持ちは横におきましょう。意識してほしいのは「普通はこう考える」と「私の感覚では」を分けることです。

例えば「乱暴に物を扱う人が苦手」だと思い出したら、「男性なんだから、それくらいするのでは」（普通の考え）とは思いつつも、「でも私の感覚ではすごく嫌。一緒にいて落ち着かない」と続けると、自分の本音や信念が見えてきます。

細かなこだわりが出てきても構いません。あなたの心が平和なままで付き合える相手を選ぶのですから、自分の基準を明確にしましょう。特徴がわかるようになれば、事前に避けられるようになります。

運命の相手を見つけ出す、「安心」の法則

苦手な男性のチェックリストができたら、次はあなたの「安心」の感覚を再発見する訓

練をしましょう。

あなたの心の奥深くには、「心が温かくなる」「平和を感じる」「リラックスできる」という感覚が眠っています。ですが、忙しない毎日や周囲の「こういう男性がいい」「これが普通」という基準に振り回されていると、そうした自分の感覚が感じ取れなくなってしまうんですね。

「年収がいい男性だから」とか「有名大学を出て一流企業にいるから」「一番イケメンだった」とか、表面的な条件で相手を判断してしまうと、あなたの心の平穏を乱す男性に気づくことができず、そうした男性を引き寄せてしまいます。

だからこそ「安心」「安全」を感じられる、「焦らせられない」「ゆっくりできる」「話していて楽しい」など、自分の心の快感に敏感になってほしいのです。

例えば出会い系のアプリで相手を見つける時も一緒です。「この人の文章の書き方は優しくていいな」「メールの仕方も優しくて明るい気持ちになれるな」という感覚を得たら、その直感を大事にしてほしいのです。

今、男性のモラハラやDV問題など、加害性や暴力性に焦点を当てて語られることが多いですね。ですが、そうではない優しい男性や誠実な方、女性を大切にしてくれる方もちゃんと世の中にはいます。相手の本質に目を向ければ、該当する男性がたくさんいることに気づくようになります。

この働きは脳科学ではＲＡＳ（Reticular Activating System）と呼ばれています。人間の脳機能に脳幹網様体賦活系というものがあり、情報を読み取りすぎて処理に困らないよう、自分にとって必要と思われる情報だけ目につきやすくしているのです。

レースのスカートがほしいなと思っていると、道端でそれに近い服装ばかり目につくことはありませんか。それは、その洋服の情報が自分にとって必要だと無意識のうちに判断しているからです。自分の心の声に耳を傾けることで、本当に探すべき相手の条件がクリアになりますから、ぜひこれまで隠していた自分の心の蓋を少しずつ開けていきましょう。

心の安全性を無視するのは、傷ついて立ち直れなくなる原因

自分の心の快感や安心感を無視しないでほしいのは、繊細さんが細部にこだわりを持ちやすいからです。

「付き合う相手には爪が清潔で綺麗な指であってほしい」「美意識があって、洋服の洗濯を怠らない人がいい」と考える繊細さんは多いです。こだわりを持つこと自体は問題ありません。ただし、**こだわりの点が合致しているという理由だけで「相手は自分に合っている」と判断し、猪突猛進に付き合おう、接近しようとするのは危険**です。

自分の心の奥底では「でも、この男性は時々自分勝手に振る舞うから、ちょっと怖いな」とか「親しげにしてくるけど、正直馴れ馴れしくも感じる」など、あなたの安全性が脅かされているか、安心していられるかを敏感に察知しています。この大事な部分を感じ取らないまま、こだわりポイントを追求してしまうと、不幸な恋愛に陥りやすくなってしまいます。

「彼のおしゃれで洗練された雰囲気が本当に好きなのだけれど、私の意見をいつも聞いてくれないのが辛い。いつも丸め込まれてしまう。でもいつか変わってくれるのではと思うと、離れられない」という繊細さんの声をよく聞きます。これが、自分の安全性を脅かされたまま、こだわりだけに目を向けた恋愛で陥りやすいパターンです。

「いつかはわかってくれる」「自分が合わせなくては」と思う恋愛はとても苦しいものです。我慢して付き合い続けても、そのうち裏切られたり、疲弊して深く傷ついてしまう要因です。

「こだわりを持つのはOK、でも安心して一緒にいられるかも同じくらい大事」ということは忘れずにいてほしいのです。

嫌いを受け入れるレッスン

繊細さんは、誰かを嫌ってはいけないと思い込んでいることが多いです。

ですが、本来自分にとって苦手な人、付き合いたくない人を決めることは、対等な関係を築くためにも大切なことなのです。

繊細さんにとって苦手な人でもとりあえず会い続けることは、自分の感覚を捻じ曲げることに他なりません。苦手な人でも悪く思われたくないために好かれようと努力してしまいます。それは相手を王様にして、自分を奴隷にしてしまっているということです。

相手の感覚は間違っていない、だから自分が我慢して合わせるというコミュニケーションは長持ちしません。すぐに疲れてしまいますし、あなたが従順になってくれることを察知して、利用しようとする男性を引き寄せてしまいます。

あの人は嫌い、気に食わないとはっきりさせることは、繊細さんは苦手です。自分が誰かを嫌うなんておこがましい、人を選べる立場ではないと思ってしまいますよね。ですが、自分の繊細さを失わないまま恋愛をするには、自分の嫌いという感情を受け入れる必要があります。自分の中の正義感や美的感覚がはっきりある人ほど、それに外れる人には嫌悪感を抱くのは仕方のないことです。

自分が嫌だと思う人に合わせてはいけません。

例えば、支配的でカバンやスマホを乱暴に扱う人が苦手だという気持ち。

お金遣いの荒い人に対して、嫌だと思う気持ち。

人がやってあげたことに感謝の気持ちも言えない人を残念に思う気持ち。

そこに正直になってください。**嫌いの感情を受け止められるようになれば、自分の心惹かれるものももっとクリアになっていきます。**自分を犠牲にしないことが、幸福の鍵なのです。

アプリや結婚相談所の登録の段階で心がボロボロ——傷つかずに婚活する秘訣

繊細さんの悩みで多いのが「婚活を始める前の段階で深く傷ついてしまうこと」です。

最近では婚活アドバイザーや結婚相談所を利用する方も増えています。または、ネットでアドバイザーによる恋愛のアドバイスや婚活情報を参考にする方もとても多いと思います。

ですが、繊細さんはとても傷つきやすい性質を持っています。結婚相談所やアドバイザーは婚活を有利に進めるために良かれと思って様々なデータを出してきますが、そうした情報を「責められている」と受け取ってしまう繊細さんは多いのです。

「30代後半になったら、そもそも婚活市場には性格がよくてちゃんと収入がある人はこんなに少ないんだ。だったら私はもう結婚は無理かも。どうしてもっと早く婚活を始めなかったんだろう」「あの時、元カレのことをぐずぐず追いかけていたのがダメだったんだ……」と自分の性質や過去のことを思い出し、自分を深く責めて動けなくなってしまうんですね。

または、人によっては実際に「この年になって恋愛を始めようとするあなたが悪い」「反省しているのなら、相手に求める条件は諦めましょう」とアドバイザーに言われることもあるかもしれません。

結婚相談所の方とうまくいかなくなったり、ネガティブな感情を抱いたまま婚活を進めても、相手を見つけて付き合っていくのは至難のわざです。

ですから、もしそうした情報を目にしても**「私のことを責めているわけではない。一般**

的な傾向を言っているだけなんだ」とスルーするようにしてみてください。

実際に、世間一般がそうだからといって、あなた自身がそうであるとは限りません。

また、自分が話したりやり取りをしていて、少しでも合わないと感じる結婚相談所やアドバイザーからは離れた方が無難です。所属している人の成婚率が高いとか、SNSで人気だとか、上辺だけの情報を信じてそこに留まり続けても、傷つくばかりで前進は見込めません。

あなたには、素晴らしい感性や性質が備わっています。その人間性の本質的なところで引き合う人を求めるならば、必ず理解してくれる人は見つかります。

苦手な人を避けるのは、アドバイザーや相談員でも同様なのです。自分を傷つけた人については「そういう人も世の中にはいるよね」と受け止めた上で、次に進みましょう。

自分の可能性を信じて、一緒に励ましてくれるアドバイザーはいますから、自分が傷つかずに済む人なのか判断して、一緒に婚活を進めましょう。結婚相談所からの発信も、傷つくことが多いならミュートにしてしまってもいいですね。

婚活で傷つくのは「闇雲」「ノンターゲット」「実はイケメン狙い」だから

ふとSNSを見てみると、婚約指輪が写った写真付きで「付き合って三年。とうとう彼にプロポーズされちゃいました！」という投稿が目に飛び込んでくる。プロフィールを見てみると、かっこいい彼氏とおしゃれなカフェで撮ったツーショット写真がいくつも……。つい、「いいな」と思ってしまいますよね。周りに独身の同性がいなくなると、強い焦りを感じ始める方もいます。繊細であるために恋愛でたくさん傷ついてきた分、人一倍心安らげる関係を強く求めてしまう。

ですが、早く人に愛されたい気持ちを抱いたまま、闇雲に婚活を始めるのは危険です。誰でもいいから自分のことを受け止めてくれそうな人から選ぼうとすると、あなたの優しさを無視して侵襲してこようとする、ずるい人たちにつけ込まれてしまいます。

ですから、反対のことをしてほしいのです。つまり**自分の価値を自分で下げない**こと。繊細さんは非常に高度な感性を持っていて、人よりあらゆることに気がつく能力があります。相手のことを心から大切にして愛を与えられるのは、滅多にない宝物なのです。そのことを繊細さん自身も理解する必要があります。

「私は人のことを誰よりも幸せにすることができる。そんな私にふさわしい人を自分で選んでいこう」と誇りを持つ。「素晴らしい感受性があるのだから、自分のことを理解してくれるような人間性が優れている人が一番」。人は自分が劣っていると思うほど、パートナーの特性でその欠乏を埋めようとします。見た目がよかったり高学歴、一流企業にいる人を求めてしまうのは、自分に自信がないためです。

自分の特性を認めて、一緒に生きていける人を選ぶという覚悟ができれば、本当に自分にピッタリと合う素晴らしい感性の人に気がつけるようになります。

アプリや結婚相談所、どこに行ったら自分に合う人がいるのかと悩む方は多いですが、**出会う場所ではなくまずはあなたの在り方を変えてみて**ください。自分を肯定することができれば、必ずその先で繊細な自分に合った人と出会えます。

繊細さんはこうすべしには従わない

恋愛では「男性ならこうする」「女性はこう振る舞う」という一般的なルールがあります。特に意中の人に好かれるために「男性心理を理解してこんな風に振る舞うとモテる！」という法則を単に真似すると、繊細さんは苦労します。

テクニックを駆使して無理だと思っている相手と付き合えても、いずれ自分の気持ちを無視されているという気持ちに陥ってしまいます。

「男性は頼られてリーダーになりたい生き物。相手に主導権を与えていい気分にさせて上手に付き合おう」「お店選びは男性のセンスが出るところ。相手の出方を待ちましょう」など色々言われていますが、繊細さんはこうしたアドバイスに従ってはいけません。

一番大事にすべきことは世の中の普通やあるべきルールではありません。 あなたが楽しいという気持ちです。相手に譲って自分の感受性に合わずに辛い思いをするくらいであれば、自分でイニシアチブを取って決めてしまえばいいのです。

レストラン選びも味や雰囲気にこだわりがあるならば、自分でお店を指定してみましょう。その方があなたも思い通りの店に行けて、相手も素敵なお店を教えてもらえるので、いいことずくめです。

男ならこうすべし、女はこう振る舞うべし論からは離れましょう。繊細さんの幸福やモテは世間一般的なところとは重なりません。受け身であることは、自分のこだわりから外れることを意味しているので、積極的になっていいんですね。

もしあなたが上手にリードできないことがあれば、そこは相手に任せてみましょう。例えばその場で即時判断して行動するのが苦手な繊細さんは多いです。ですから、「何か問題が起きたら混乱して正しい判断ができなくなることが多いから、迷っていたらあなたから行動を提案してほしいな」と委ねてみましょう。

恋愛は二人でするものです。**一人で完璧になろうと頑張らなくていい**のです。どちらかがどちらかの苦手なことをカバーできれば十分ですし、関係性は補い合えればさらに固いものになります。

旅行の計画がダメになってしまったり、行った先のレストランに文句を言うこともグッと少なくなるでしょう。あなたも誰かの助けになるし、その人もあなたを助けてくれる。共存するという気持ちでいてくださいね。

繊細さんは趣味と恋愛を兼ねてこそ花開く

繊細さんは自分のこだわりや専門性を持っています。美術が好きで自分でも手作りアクセサリーを作るのが趣味であったり、香りに詳しくて好きな香水を気分で変えたりと、好きな分野がはっきりしていますし何が好みかよく熟知しています。

趣味は趣味、恋愛の場とは別と思っている方も多いのですが、実は自分がこだわりを持てる領域は出会いの場所としてピッタリなのです。自分が心から興味が持てるジャンルで、他の人とのつながりが生まれる場所にぜひ行ってみたり、所属してみたりしてください。

例えば美術が好きなら、地域のワークショップボランティアに参加してみたり、社会人の陶芸サークル、鑑賞会イベントに行ってみたりするのをお勧めします。

自分の追求したい趣味の領域で男性との出会いを求めるなんて不純……と思われるかもしれませんが、自分が心から好きだと思える場所にいると、人はとても魅力的に見えるんですね。

自分の素をさらけ出して本当の特性を活かし、強い興味を持ちながら自分の感じたこと、考えたことを楽しそうに話す姿は、偽の自分を演じたり、人に合わせて控え目にしているよりもずっと素敵です。

その時に意識してほしいのが、**自分のプラスの感情は積極的に口に出す**ということです。繊細さんは心の奥底では感情豊かでみずみずしい感性が満ちているのですが、周りを気にするあまり感情表出を抑える傾向があります。

心のうちに沸き起こっている感動を、まずは言葉にしてみること。ご飯が美味しいと思ったら、「とても美味しい」と素直に言ってみる。何かを鑑賞して綺麗だなと思ったら、「光の描き方が丁寧で感動してしまった」とか。自分が知識がある分野で、それに興味がある人に感銘したところを自分の言葉で伝えることができたら、相手にもすっと言葉が届きます。友人の幅も広がりますし、あなたの感性に惹かれる異性も出てくるでしょう。

婚活しなくても結婚はできる

繊細さんは無理に婚活しなくても、結婚できます。良いご縁を掴むことも可能です。

むしろ、自分の感受性に従わず、押し殺して我慢した出会いの場に出向いても、繊細さんはいい出会いにはつながりません。

例えば婚活アプリなどでは出会える人の数が増え、プロフィールに記載されている条件から自分で選択できるので、良い方に巡り合える可能性が高くなるように感じますが、自分を抑えた表現しかできない場所では、相手の目にも留まらないので会ってもそれ以上に発展しません。

ちょっといいなと思った人には好かれず、あまり好きになれなそうな人に好かれるのはこのためです。いいなと思った人の前では身構えて、良い面を見せなくてはと張り切ってしまい、上手に素を見せられないので魅力をわかってもらえません。

逆に仲良くなりたくない人の前では、嫌われてもいいと思えるのでのびのびとした自然な感情がこぼれ出て、かえって好かれてしまうのです。

自分の感受性に合った世界に所属しているか否かはあなたの心の健康を左右するばかりか、恋愛関係の運も変えてしまうのです。

結婚したい、素敵な恋人を持ちたいと願うあまりに心を殺して何も感じないようにして頑張っている繊細さんは多いです。ですが、自分がいるのが辛い、合わせるのが大変だと感じる場所で結果を出すのは、とても苦しいことです。出会いの可能性も低くなりますし、継続させていくことも困難に感じるかと思います。

あなたの正義感、愛情、考えは何も間違っていません。変える必要がないのです。まずは、自分の感覚を肯定してみることから始めてください。**自分を肯定できる場に身をおくことで、人生は花開きます**。どんな蕾《つぼみ》も、コンクリートの上では咲くことができません。自分がうまく呼吸できるような、安らげる場所に行ってみてください。そこから人生は始まります。

傷つけられたら、どうしたらいい？
デリカシーのない男性から自分を守る方法

特に男性に多いのですが、デリカシーがなかったり人のことを慮らずに発言する人がいます。人との出会いを恐れ、苦手意識を持ってしまうのは、こうした傍若無人な人に出会う可能性もあるからです。

その時に覚えておいてほしいのは、**「あなたのことをわからせる必要はない」**ということです。

繊細な方は優しい人が多いです。それは言い換えれば共感性が高く、人と共感し合いたい、相手のことを知りたいという気持ちが強いということ。

人から傷つけられると「どうしてそんなことを言うのだろう」「私はこんなに傷ついたのに」「なぜわかってくれないの」と激しい葛藤を抱く方も少なくありません。

共感に重きを置くことと、傷つけられることは表裏一体です。わかり合いたい、わかり合えるはずだと思って生きていくと、必ず分かり合えない場面に出くわします。そこで話し合っても妥協し合えない結果に終わることが多いのです。

相手と分かり合えない、自分の気持ちを明かしてわかり合おうとしないことについて、最初は抵抗感があったり悲しい思いをすると思います。ですが、相手と同じ感受性を持っていないという前提は自分で理解しておく必要があります。

同じ日本語という言語で話し合っていても、すれ違うことはあります。これは人間がライオンに対して一生懸命話しかけているのと同じです。あなたは同じ動物同士として通じ合えるのではと期待しますが、相手からしたらあなたは敵にしか見えません。どんなに会話を頑張っても、話し合う対象だと最初から見なされていないのです。

自分が傷ついたと思ったら、離れましょう。話し合えばなんとかなると思うかもしれませんが、それは**本当に親密な関係性になってからすること**です。出会いの時点で話し合いが必要になってしまう相手とは、離れてしまった方が良いのです。

あなたと無理せず付き合える人は必ずいますし、お互いに話し合う余地があり、改善が見込める関係性はこれからたくさん持てます。大事な関係性を持つきっかけを得るまでに、疲弊して深い人間不信、男性不信を抱いてしまうのは本当にもったいないことです。身を引く勇気を持ってください。

「わがままで自分本位な人」がすべてを手にする理由

繊細な方に恋愛の悩みを聞くと、次のような話をされる方がとても多いです。

「恋人がほしい気持ちはあるのですが、なかなか合う人がいなくて時間ばかり過ぎています。親からも結婚はまだかと急かされて辛いです」

「友人と会うたびに結婚していないのが自分だけで、深く傷つきます。友人からも子どもは可愛いよ、早く産んだ方が楽だよと言われるのですが……」

「会社の先輩後輩による女子会に参加すると、既婚の方は家庭があるからとすぐに帰るんです。私も帰りたいけど、独身勢は会をなかなか抜けがたくて」

自分は社会にうまく適応できないから、人の機嫌を取りたくて相手に合わせ、イニシアチブは100％相手に委ねる。

恋愛関係でもそうですが、仕事場や友人関係、親との関係でもすべてにおいて、自分らしさを殺して我慢する癖がついてしまっています。そこには自分の素を出すと嫌われる、重いと思われる、弱い自分はダメなんだという信念が隠れています。そのマインドをまずはひっくり返してみましょう。

周りの人はあなたを平気で傷つけてきたけれども、あなたは周囲の人を傷つけないようにしてきた。優しく他人に接するようにしてきた。それは素晴らしい価値観です。

否定せずに、肯定すること。**自分に合う相手でないなら、合わせる必要なんてない**。そうした思い切りと自分を肯定する力が、恋愛において成功する秘訣です。この掟を一度守ってみると、恋愛だけではなく人生は驚くほど好転します。

自分にとことんわがままになれば、好きなタイプは見えてくる

繊細さんに好きなタイプを聞くと「好きなタイプは……優しい人ですかね」「自分のことを理解してくれる人がいいけど……」と、ぼんやりした返事が返ってくることがあります。心の奥底で他人を嫌ってはいけない、悪く思われないようにしなければならないと思っているので、自分の好きなポイントを判別し、言葉にすることが難しいのです。

または「もうこの年だし相手は選べない」「こんな性格だからグイグイ来てくれる人からしか選べない」と相手を選り好みしてはいけないと思い込んでいるのも原因です。

「嫌なことをしてこなければ、ひとまずOKにする」という基準で人付き合いをしていることも多いのですが、幸せな恋愛をするために自分の感覚にもっと正直になる必要があります。

相手があなたに嫌なことをしないかどうかを気にするのは大切なことですが、「嫌なことをしてこなければ、まあいいかな」と思っている時は、何かしら調和しない部分があるにもかかわらず、自分を犠牲にして合わせている時です。

他人のためには優しくなれる繊細さん。だからこそ、自分には他人と同じように接しましょう。「私のためにやってあげよう」と自分を一人の他人として扱うのです。私が今どんな気持ちでいるのか、何を心地よく感じているのか自分に聞いてみてください。少しずつ、あなたの隠れた本音がわかるようになっていきます。恋愛は本来他人の顔色をうかがう必要のない関係です。多少わがままになっても良いのです。

自分の好きな状態が明確になっていくと、その特徴を持っている人がピンポイントでわかるようになり、あなたの元へ引き寄せられていきます。これまでなんとも思っていなかった人の魅力に気がついたり、またはその逆にこれまで選んでいた人が本当は自分に合っていなかったことに気がつくこともあるかもしれません。あなた自身が自分の本質を理解できれば、相手の本質を見抜くことができます。

本当の自分のままで大切にされる関係を得るために、繊細さん自身も自分を大切にしてみてください。

理想の相手を見つけるために必要なのは段階付け

この人なら好きになれそう！　と思ったらその人だけに絞って、理想の関係になれるように準備をする。相手の好意を信じて、とことん尽くす。恋愛でもとても真面目で純粋な思いを貫く繊細さん。

繊細さんは人の気持ちにとても敏感です。そのために、相手のことを知ろうと努力しますし、潔癖なのでいったんは相手を信じてみようと思いやすい。私はこんなにも誠実に対応しているのだから、相手もそうしてくれるだろうと考えています。

そのために、本当は信頼に足る人間ではなかったとしても、繊細さんが相手のペースや距離感に合わせることで一定期間は相手の本性が見えにくくなってしまいます。信じたいという気持ちのあまり、危険信号を発していても気にしないようにしてしまうんですね。

相手がいつもお店選びをあなたに全部お願いしていたり、毎回遅刻していたり、発言に嘘が混じっていても、「根は悪い人ではないからそれくらいは仕方ない」と過少評価していませんか？

ですが、今は昔と比べて自分の所属する学校や職場、趣味の場所以外での出会いが広がり、接触できる人の幅が増えています。本当に信頼できる人なのかどうか、見極める必要があります。

繊細さんにとっては辛い事実ですが、その人がどんな人なのかわからないまま人付き合いをする期間が必要です。観察する期間ということですね。

一度、お茶をしてちゃんと話ができたからこの人は大丈夫だと判断するのは時期尚早です。出身大学や勤務先だけで信用するのも厳禁です。

まずは相手のお友達になったと思ってください。その間に、自分の感情も冷静になっていきますから、相手の本性を多角的に見ることができます。

同時に他の人をいいなと思ってもいいのです。むしろ最初から一人に絞りすぎない方が、他の人と比べて良いところや悪いところがわかるので、相手にまっすぐ一直線にならずに、少し時間をかけて寄り道する意識でいきましょう。付き合うのは一人に限りますが、男友達なら並行して何人もいていいのです。

アプリや結婚相談所を活用して何人も並行して会っていくことをためらう人もいますが、付き合うまでは並行した方が相手のいいところにも気づくことができるので、繊細さんは距離をとりながら「お友達期間」を設けるようにしてください。

安心して絆を深められる人は必ずいますから、焦らず時間をかけてください。

わかってくれる人が現れたら、ネガティブをぶつける悪癖は卒業

「最初はいい感じに話せていたのに、途中から相手の反応が変わって離れて行ってしまった」と嘆く繊細さんは多いです。

なぜかというと、これまでずっと傷つけられ、孤独を味わう経験をしてきているからこそ、心の中にネガティブな感情が溜まってしまっているからです。ですから、普段は辛い気持ちを抑えて押し込めている。ですが、もしかしたら**仲良くなれるかもしれない！　と思えた相手には、ついネガティブな話**をしてしまいがちです。

「昔付き合っていた恋人には、これからを考えられないと言われてしまった」「婚活を始めたけれど、いいと思った人とは連絡がつかなくなってしまい人間不信に」など、辛かったこれまでをわかってもらいたいと思うんですね。

しかし、ネガティブな会話を相手にいきなりぶつけてしまうと、相手は「知り合ったばかりなのに、どうしてそんなことを言うのだろう」「楽しく付き合いたいとは思ってないのかな」と気持ちが冷めてしまいます。この部分が繊細さんが「重い」「面倒」と言われてしまう要因です。

大事なことは自分の繊細な側面を使い分けることです。ネガティブに転じる前に、ポジティブに能力を使うことを意識してみましょう。

繊細であるからこそ、感じた些細な気づきや喜びを口に出して相手に伝えてみてください。そうするだけで楽しい会話ができます。**会話がつながって絆ができてくれば、相手はあなたのネガティブな側面を受け止められる**ようになります。「昔こんなことがあって」と打ち明けても、「辛いこともあったんだね」と寄り添ってくれるようになるでしょう。

順序を間違えないことが、ネガティブなままで受け入れられるためには必要です。

ただ、繊細さんはどうしても辛い、苦しい記憶に閉じ込められて動けない時もありますよね。どうしても誰かに聞いてほしい……そんな時はまず、**自分で自分の心に寄り添ってあげてください。**いつもより多く癒すために時間を設けてほしいのです。

自己開示会話レッスン

相手を思いやって会話をするために、繊細さんには自己開示が必要です。

繊細さんは相手の気持ちや感情を読み取れるために、感性の違う人でも対応することができます。ですが、普通の感性の人には繊細さんの気持ちを読み取ることは難しいのです。そのために、自分で自己開示をする必要があります。

人と**信頼関係を築くには「予測性」がつきもの**です。相手がどんな人間でどんな傾向があり、どんな風に時間を過ごせるのかわかって初めて人は安心を感じることができます。

安心して関係性が築けるとわかった時に、人は付き合うことを意識し始めます。

「私はアクティブではないから、家でゆっくりするのが好き。疲れている時は自宅でのんびりしたい」「大勢で話す機会は頻繁にあると疲れてしまう。友人に紹介してくれるのは嬉しいけれど、頻度は落としてほしい」など、自分の特徴や希望を相手に伝える会話をすることを意識してみてください。

そうすれば、相手はあなたがどんな人なのかわかりますし、一緒に過ごす時間もイメージしやすく予定も立てやすくなります。あなたとはこういう風に時間を使えそうだと思えると、人はその人を信頼するようになります。相手に信頼してもらえれば、付き合うといった話も出てくるようになります。

より親密な関係になったら、さらに自己開示を進めて「相手にこう頼りたい」と伝えてみてください。「私は疲れやすいから、疲れたらすぐにカフェに入って休みたいけど、いいかな？」「気持ちが落ち込んでいる時もあって抜け出せないので、外に連れ出してほしい」と伝えておけば、相手も協力しやすくなります。

繊細さんは感情が豊かな分、理性をきかせておかないと感受性が暴走してしまうこともあります。相手との関係の中で、感情をコントロールするためにもその話し合いは必要です。相手のパーソナルな部分にまで踏み込んで傷つかないためにも、会話をぜひ意識してみてください。

Column

男性を選ぶ時に気をつけたいポイント

○「助けてあげたい！」と思ってしまわないか

相手が苦しそうにしていたら、助けてあげなくてはいけないと思ってしまう繊細さん。人によってはあなたの優しさに支えられ、かけがえのない存在として扱われますが、男性選びを間違えると、都合の良い僕《しもべ》のように扱われてしまいます。相手が大変そうだから、頑張っているから、サポートが必要そうだからという理由だけで付き合うのはやめましょう。

○繊細さんの気遣いに対して感謝が見られるか

自分がしてあげた配慮を当然のものとして受け取り、感謝がなかったり、あれこれと要望をしてくる人も避けましょう。

○「私に優しくしてくれたから好き」になっていないか

繊細さんは自分にしてくれた配慮にすぐに気がつきます。ともすれば嬉しかった1のことを100ぐらいに捉えて、「あの人はいい人だ」と思い込みやすくなってしまいます。ですが、他の女性にも同じように接しているかもしれません。相手の嫌な面には見て見ぬふりをして盲目になってしまうので、優しくされた時ほど気をつけましょう。

○自分と同じ繊細性かどうかで良し悪しを判断していないか

中には同じく繊細な気質を持っている男性もいます。繊細さに通じるところがあると、自分と相手は同じ存在だと見なすようになります。ですが似た者同士だからという理由で付き合うと、違う部分が露呈した時に衝突が起きやすいのです。繊細な部分のある人でも、自分とは違う人間であるという前提でいましょう。

◯雰囲気や見てくれだけを見ていないか

感受性と親和性の高いものに惹かれるので、見てくれの良い男性や洗練された雰囲気、エスコートのうまさなどで男性を選びがちです。ですが、そうした振る舞いができる男性は繊細さんのことを思って行動しているというより、遊んでいるので女心をよく知っているだけだったりします。それだけで良い男性だと判断しないようにしましょう。

◯運命に引きずられすぎていないか

繊細さんは偶然や条件の重なりを運命だと思い込みやすい特徴があります。大事なのは相手と付き合ってみて生活しやすいか、他人への配慮を忘れないかなど客観的に見つめる力です。運命ほど心惹かれるキーワードはありませんが、大事な巡り合わせだからこそ、冷静に見つめることを忘れないでください。

○褒められて舞い上がっていないか

繊細さんは言葉で傷ついてきた経験が多いため、褒められたりすることに弱いです。ですが、体目当てで優しくしたりする人もいます。都合の良い女として扱われないために、単に褒められただけで自分の味方であるとは思い込まないようにしましょう。

○良い人だと思ったらすぐに飛びついていないか

繊細さを使ってすぐに人に飛びつかないようにしましょう。相手の一つの良い側面を拡大解釈して、良い人だと判断して付き合おうとする傾向があるので、繊細さは相手をよく見定める際に活かしましょう。

○心の琴線に左右されすぎていないか

しっかりしていなかったり、自分のこともままならない相手には助けてあげなくてはと意識を働かせるため、自分の能力が活かされている、役に立っていると思いがちです。また、自分の心の琴線が触れるため恋だと勘違いしやすいのです。

逆に自立した人相手だと、繊細さんの感受性は発動しません。相手は自分で自分のことができるので、あなたが気にかけなくとも関係性が成り立つからです。こうした男性こそ頼れる人物なので、自分の心模様に引っ張られて恋愛をするのには気をつけましょう。

◯自分の心を鈍感にして付き合っていないか

繊細さんはこれまで傷ついてきた分、傷つけられることに慣れています。人間関係は我慢するものと思い込んでいる人もいます。ですが、傷つくのは当然のことではありません。我慢できないことを相手に伝えて、行動に移してくれる人が良い相手ですので、鈍感になるように意識してしまう場合は、相手から離れましょう。

CHAPTER 5

パートナーができたらすること、してはいけないこと

「大好きな恋人」を生涯のパートナーにするために

パートナーがあなたから離れていきやすいのは「意図せぬ攻撃」のせい？

「せっかく誰かと付き合っても、ついていけないと言われて結局また一人になってしまうんです」「一緒にいても楽しくなさそうと言われてしまう」「いい感じになっていたのに、相手の熱が急に冷めてしまった」と、パートナーとの関係を持続させることに悩んでいる繊細さんは多いです。

それはあなたの繊細すぎる感覚が、相手にとっては「攻撃」と受け取られてしまいがちだからなんですね。繊細さんの感受性と思考はやはり一般的な感覚とは異なります。

相手に気を遣うあまり、いろんなことを一人で背負ったり、問題があっても相談せずに抱え込んだり、不安を解消するために何度も確認する行為は、相手からしたら距離をおかれているのだと誤解されてしまうのです。

繊細さん特有の自分のことは何も話さず相手の話をじっくり聞く姿勢や、自分を犠牲にして他人のために配慮する姿は、素晴らしい利点でもあります。ですが、行きすぎると周りの人もかえって居心地が悪くなりやすいのです。

あなたと対等な関係を築きたいのに、サポートや支援ばかりして自分を一段低い場所に置かれてしまうと、相手はいたたまれない気持ちになってしまいます。結果的に繊細さんと付き合えるのは、繊細さんの気遣いを搾取して、自分がより上に立ちたいズルい支配的な人たちだけになってしまいます。

繊細であること自体は、何も悪いことではありません。ですが、その繊細さが人との距離につながりやすい時期は要注意です。特にデートの段階や付き合いたての頃は、少し周りのいい加減さを真似してほしいのです。

繊細さんは一度交際し始めると、自分の恋愛に集中しがちですが、他の人の付き合い方やコミュニケーション方法にも注意を向けてみてください。そんなに**神経質にならなくても、普通は相手は許してくれる**、希望だけ伝えて相手に丸投げして色々やってもらっていることがわかると思います。他人の大らかさを少しだけ自分に当てはめて、繊細さを緩める意識を持ちましょう。

繊細さんが無理に頑張っていない、リラックスできているという感覚は、必ず相手に伝わります。パートナーもあなたに接する時に安らぎを感じるようになります。

今まで繊細さんは、周りの人のペースや価値観に合わせて、その人のペースを乱さないように努力してきました。その能力を周りの人のレベルに合わせることに使ってほしいのです。案外、神経質にならなくても関係性は壊れないし、やっていけることに気づけるでしょう。

繊細だからこそ、自分の美点を売りにする

自分の繊細さに振り回されるあまり、自分の本質をどういう方向に使うか考えてこなかった繊細さん。他の人の特徴と自分を比べて、なぜ自分は社交的でないのだろう、瞬発的に行動できないのだろうと自分を責めてしまいがちです。

ですが繊細である分、相手を自分の喜びの世界に連れ出す力があるんですね。

繊細であるゆえに、相手に寄り添って心を癒すこともできます。繊細さの良い面を相手に共有してもらうだけで、他の人では到底考えつかないようなアイデアを出したり、見逃してしまうような些細なことにも美しさを見出すことができます。

それは履歴書に書くことはできませんが、確かにあなたの最大の長所なのです。繊細であることを隠そうとせずに、良い方向にその特徴を出して相手をその世界観へ招き入れてみてください。

恋愛の「誤解され癖」のほどき方

まったく好意のない相手に好かれていると思われてつきまとわれたり、イケると思ってセクハラじみたことをされる。または、本当に好きで好きでしょうがない相手には、嫌われていると思われてしまう。繊細さんの恋愛の悩みで本当によく聞く傾向です。

好意のない相手でも精一杯気を遣って相手の価値観に沿う返答をする。これは繊細さんにとっては誰にでもする普通の行為ですが、一般的には「好意のある人にだけする行為」なんですね。相手に優しく接しすぎるのも、誤解を生んでしまう要因です。

これは、自分の感受性をもとにした行動と、世間一般の感受性をもとにした行動が大きく違うために起こることです。

相手に好意があるのにまったく伝わらず、せっかく近い関係性にいるのに疎遠になってしまうのも、それが原因です。「これに悩んでいて困っている」「できないから不安」と相手に気持ちを打ち明けて助けを求めるのが苦手なために、相手からは「自分は必要とされていない」と思われてしまうんですね。「強くて、冷たい人だね」と言われて避けられてしまうこともあるでしょう。

　または相手のことを思いやるあまり、あれこれ指示したり世話を焼いたりしてしまって「お母さんみたい！」とかえって面白がられて笑い物にされてしまうことも。

　どれも繊細さんにとって深く傷つくことですが、普通の人は繊細さんの背景にある心情や思いやりを見抜くことができません。

　もし、自分の感受性が人と違うことを何らかの言葉で指摘されたら、素直に受け止めてみてください。

「気にしすぎじゃない？」「聞いてくれればいいのに」「そんなにしなくていいよ」という言葉で傷ついてしまう繊細さんは多いですが、**傷つくだけで終わりにせず次のアクションにつなげて**ください。

「ああ、ごめんね。ついやりすぎちゃってたね」と謝る。
「お母さんみたい」と言われたら「これからはあなたに任せるね」と返す。
「なんで言わないの」と言われたら「これからは言うね」と反省する。
「俺のこと好きじゃないの」と聞かれたら、「そうじゃないよ。好きだよ」と話す。

人として傷ついてしまうのは当然のことですが、次の行動につなげることで、あなたの気持ちや愛情が相手に伝わりやすくなります。傷ついた際に自分に閉じこもってしまう繊細さんだからこそ、意識的に人と触れ合える余地を残しておいてほしいのです。

とても気遣っているつもりなのに、「面倒くさい」と言われるのはなぜ?

繊細さんは「面倒くさい」「重い」と言われることを恐れています。それを理由に友人やパートナーが離れていった経験があるからです。

繊細さんが「面倒」「重い」と言われやすい原因は「いろんなことを感じ取る」ために

思い悩んでしまい、「言葉にせずに自分で対処しようとする」ことです。

第一段階で「なぜそんなことを気にするのか」と疑問に思い、「どうして言ってくれなかったのか」と訝《いぶか》しんでしまうのです。

繊細さんにまず知ってほしいのは、**「繊細さんの普通とは真逆の世界がある」**ということです。「言葉の一つ一つを人は気にせずに生きている。言えないと思っていたことを言ってもいい」世界があるということですね。

繊細さんは人の使った言葉の意味をビジネスマナーやその人の性格やその日の気分から読み取ってどういうことなのか、あれこれと想像してしまいますよね。あれはどういう意味だったのかと、後で考え続けてしまったり。わからないものについて考え続けられることとは一つの能力ですが、それは他人からすると何かをいつまでも引きずっていて重い人ととられかねません。

自分が思っていることをぜひ言葉にしてみてください。

「今のどういう意味なんだろう」と聞いてみるのもいいですね。相手がそれに答えてくれたら、その返答を信じてください。そして、相手に悪いのでとても言えないと思っていたことを、相手に伝えるようにしてみてください。

「あの人は苦手だから目の前にすると言葉が出てこない。なるべく代わりに話してほしい」など、言葉にして助けを求めることで、相手があなたに協力できるようになります。

あなたと同じ程度の察する力を求めると、愛されなくなる

「私は彼にこんなに気を遣ってプレゼントを用意して予定も空けておいたのに、相手は私の誕生日はノープランだったんです！」

「最近ずっと体調が悪いって言っているのに、友人のBBQパーティーに呼ぶなんてありえない。気疲れしちゃうのに」と、自分が普通だと思っている気遣いが相手から戻ってこなくて大切にされていないと傷つく繊細さんは多いですね。

繊細さんにとっては何気ないことでも、人を気遣うというのはとても特別な能力なのです。ですから、普通の人に同じ程度の察知能力を求めてしまうと、相手はあなたについていけなくなってしまうのです。

オリンピック選手でもないのに、オリンピックの陸上競技で優勝してほしいと言われるのと同じくらいできないことなのです。繊細さんもできないことをやってほしいと言われると、無理だと挫折してしまいますし、不可能なことを強制されているという気持ちになってしまいますよね。

周りの人がそこまでの配慮ができないことを、まずは許してほしいのです。どうしても**察知する能力であなたと同程度になることはできません。**

繊細さんの寄り添える力を、相手のできているところにフォーカスしてみてください。「言い回しは下手だけれど、私に優しくしたい気持ちはあるんだな」と繊細さんなら相手の好意に気づくことができるはずです。

あなたは繊細であることが得意。相手は別のことが得意。二人で異なる能力を持っていることで、お互いに補完し合うことができます。あなたは繊細であることで相手に愛情を尽くして、相手は別のことであなたに愛を返してくれればいい。

違っているからこそ、二人で上手にやっていける。そのことを忘れないでください。

相手の感受性に踏み込まないことが愛を深める

繊細さんが考えている思考、感情の幅や深さはとても広大です。

面白い漫画一つ取っても、「この主人公の造形はこれを考えていて、この性格はあのエピソードで表現していて、それがこんな顛末になってすごい！　この表情がそれを物語っているの！」くらいの解像度で理解しています。

ですが、パートナーは「面白かった」くらいで済ませてしまったり。繊細さんからすると「信じられない」「そんな反応しかないの？」と不満に思ったり、不安を感じることも多いでしょう。一緒に同じものを見つめているのに、一人で盛り上がっているような寂しさを感じる方もいます。

ですが、あなたの感性が誰とも違うスペシャルなものであるように、相手の感性もまた違っていて、特別なものです。同じように思うことは普通ではありません。

あなたはあなたの感性を持っていて、それを自由に表現して構いません。ですが、相手にも相手の感性があることを受け入れてほしいのです。感想を共有することはできなくても、お互いにそれぞれの感受性の中で楽しむことができるはずです。

レストランで美味しいものを食べて「ああ、牡蠣《かき》が美味しい。牡蠣が食べられるって気がついた人はすごいよね。これを上手に調理して食べられるように作ってきた調理師の人たちはすごいよね。お皿のセレクトセンスもモダンで素敵だよね」とあなたが言い、「そこまで喜べてよかったね。美味しいね」と相手が答える。喜びを見出す観点は違いますが、二人で同じ幸福を享受していることには変わりはありませんよね。

相手の感受性に踏み込まずに強制しないこと。これをすれば、相手はあなたという興味深い人と一緒にいることを心から楽しめますし、違いを楽しめるようになるでしょう。

「人との壁・距離」はこうして縮める

繊細さんはあらゆることのリスクを考えます。

例えばメールを打つ時でも「この文章なら相手はこう思うかな？　でもここを変えてしまったら、別の受け取られ方をしてしまうかもしれない。ここまで書きたいけど、それをしたら誤解されそう」と、自分の感受性をもとにして、リスクを回避するべく物事を想定して動く癖がついています。

繊細だからこそ、相手の無神経さや配慮のなさに気がつき、「なぜそこまで考えて行動できないの？」と不満に思ってしまいます。ここで他人との距離が生まれ、コミュニケーションに亀裂が入ってしまいます。

あなたが考え抜いていることを、相手はそこまで考えていない。まずここを大事にしてください。

次に、あなたの解釈で問題とされることでも、相手にはその意図がないかもしれません。自分の直感だけではなく、相手に実際に聞いて確認したり、その後の行動で見極めてください。

例えば相手は「いいと思うよ」と言ってくれていても、繊細さんは「陰では違うことを言っているかもしれない。自分だったら愛想よくするために褒めてしまうかもしれない。私の機嫌を取ろうとして良いことを言ってくれているのでは？」と考え込む癖がついています。

まずは**相手の言葉をそのまま受け取って**みてください。自分の前提に乗せて相手の言っていることを本当か嘘かを照らし合わせる行為をやめるのです。それでも十分、相手との会話が続いていきますし、関係性を保てると思います。

すると相手は自分と同じようには感じていないけれど、ちゃんとコミュニケーションしようとしてくれているんだなと気づけると思います。素直に受け取ることで、疑心暗鬼に隠れて見えなくなっていた、相手の性格もよくわかるようになるでしょう。

相手にも善意や配慮の気持ちはあります。ただ、その分量があなたとは違うだけです。相手の行為を素直に受け止めることができると、相手の優しさや思いやりに気づくことができるでしょう。

自分の思いやりが報われていない時の対処法。我慢はもうやめにする

繊細さんがパートナーに対して不満に感じるのは「自分の頑張りが報われていない」という点です。

相手が忙しそうにしているから連絡を控えてみたり、風邪を引いてから体力が落ちているというので、自分で栄養満点のサンドイッチを作って渡したり。ですが、その努力に相手が気づいて感謝してくれたり評価してくれたりしない時があります。自分が相手のために行動しているのに、それに気づかれず相手が同じように行為を返してくれないと報われないと思ってしまいますよね。

繊細さんは相手に遠慮して立ち回る癖がある分、思っていることを言葉にしない傾向があります。加えて、普通の人は繊細さんと同じような感受性がないので、繊細さんの無言のうちからありあまる感情のすべてを推測することができません。結果として相手はあなたのことがわからず、何もできなくなってしまっているのです。

ですから、自分が**好意でやったことは自主的に伝える**ようにしてください。「家のトイレの掃除をしておいたよ」と言えば、相手は掃除されていることに気づいて感謝の気持ちを抱きます。

または、相手にしてほしいと思っていることは濁さずにストレートにお願いしてみてください。「普段の言動から照らし合わせてみればわかるでしょ」という相手の解釈に委ねるのはお勧めしません。「今日は疲れているから買い物に連れていってほしい」「最近手荒れがひどいから、洗い物をお願いしたいの」と言ってみてください。

「私がこんなに頑張っているのに男の人は気が利かない、自分勝手。全然優しくない」と悩む繊細さんは多いですが、何を与えるべきなのか相手がわかっていない場合も多いのです。

または、感受性が異なるために気がつくレベルが違います。あなたは風邪を引いて温かくてさっぱりした梅がゆが食べたいから買ってきてほしいと思っていても、相手はあなたの調子が悪そうだと思って、静かに休ませようとそっとしておくという行動を取ることもあるでしょう。相手はあなたが調子悪そうなことは理解していますが、そのためにあなたが何を欲しているのかがわかりません。

ですから、自分がしてほしいこと、褒めてほしいことは言葉にしてください。自分の感受性の中に閉じこもらずに、相手にも感受性の一部を解放することで、あなたがパートナーから得たいと思っている愛情や行動を受け取れるようになるでしょう。

恋愛破壊癖は一人でいる時に発動する

繊細さんの恋愛感情は誰かといる時ではなく、一人でいる時に揺らぎます。

どういうことかというと、相手と会っていない時に一人であれこれと考えてしまっているんですね。連絡がちょっと約束より遅れただけで本当は別にやり取りしている女性がいるのではと勘ぐったり、飽きられてしまったのかと悲しくなる。繊細な人はこれまで人の悪意やいじわるなどのネガティブな情報もたくさん受け取ってきているので、悪い方向に考えやすいのです。

自分の想像の中で相手の行動に関する仮説ができ、それを相手にぶつけてしまう。または不安や不機嫌という感情で表出する人もいます。ですが、相手からしたら「そんな態度を取られるならもういいや」となってしまうんですね。せっかく仲良くなれたのに、関係が悪くなり別れてしまう原因です。こうしたやり取りは繊細さんが非常にやりがちです。

相手との関係が不安なのではなく、**本当に不安に感じているのは他の事例のこと**なのです。

例えば先に伝えた、彼の連絡が遅くて浮気を疑ってしまう場合、現実的に起きていることは「連絡が遅れている」という事実です。ですが、繊細さんは推測しようとするので、過去に友達から聞いた恋人の話や、結婚相談所が書いている投稿内容やエピソードなどを参考にして答えを出そうとしてしまっています。

「連絡が遅い、いつも会食ばかりと思っていたら、他に女がいたの」「相手がこちらに毎日連絡してこないのであれば、同時並行で他にも女性がいる危険性大」などの情報を思い出して悪い方に想像を働かせてしまうんですね。

大切なことは「彼があなたをどう思っているか」「あなたが彼をどう思っているか」です。**他の人の恋愛の話や一般的な傾向というものは、あなたと彼の関係には何の関係もないんですね。**

自分の交際関係をより強固なものにしようと思って、恋愛関係の情報を積極的に取り入れている繊細さんは多いですが、他の人の情報に影響されて歪んだ認識で彼のことを見つめても、間違った解釈になりやすいのです。

まっすぐに彼のことを見ていく。そしてもし不安なことがあったら言葉にして相談してみる。「あなたからの連絡が遅くなると不安になっちゃう。どうしたら良いかな？」と聞いてみてください。心ある相手なら連絡を忘れない方法や、またはあなたのことを気にかけていると伝える方法を他に考えてくれるでしょう。

それでもどうしても疑心暗鬼になってしまうこともありますよね。そんな時は「浮気しているんじゃないの?」と聞いたり、「嘘つき!」と決めつけないであげてください。あなた自身の不安な気持ちを伝えてみること。

「私、どうかしちゃってるのだけれど、連絡が遅れがちな男は浮気しているってSNSで見て不安になっちゃった」と言えば、あなたに好意のある男性なら否定したり、気持ちを宥《なだ》めてくれようとするでしょう。そしたら、あなたも「ああそうだよね。疑ってごめんね」と相手の気持ちを受け止めてみてください。

こうしたやり取りをすることで、あなたも彼の性格がわかりますし、相手もあなたの不安ポイントを察知しやすくなるでしょう。「彼はこんな性格だから何が起きても大丈夫だ」という自信にもつながってきます。

他の人の情報よりも、まずは彼のことを信じてみて心を開いてみてください。

切られる前に切る！　戦争状態の恋愛

「せっかくデートの準備を前もってしていているって言ったのに、出張が入って会えなくなったって！　もういっつも私の気持ちを踏みにじる！　もう別れる」

繊細な方は感受性が強いあまり人生で傷つくことも多い。そして、傷つくことに対する抵抗力は年々なくなっていきます。ずっと我慢して心のコップにいろんなものを溜めてきたからこそ、ほんのちょっとの不満でも我慢できなくなってしまう。

何か嫌なことがあればすぐに相手と距離をおき、連絡を断つことで身を守ろうとします。

これは今の相手と恋愛をしているのではなく、自分の過去のトラウマと心の傷を覗き見ているのに他ならないんですね。過去のことを思い出して今まではこうだった、苦しかった、だから今も同じようになるに違いないと推測する。それは過去に今を支配されてしまっています。

繊細さんが恋愛から遠ざかりがちなのも、トラウマを思い出し自分の中の想像が暴走して人間不信に陥ってしまう傾向があるからです。

切られる前に切る。この関係をやめるには**過去ではなく、今の彼との関係に集中**してみてください。

「デートの準備をしていたからすごく残念。会えないのは寂しい」（感情を伝える）「昔、付き合っていた人が私の都合をいつも無視する人だったから、そのことを思い出してパニックになっちゃった」（状況を伝える）、「どうしたら良いかな？」と相手に確認してみてください。

あなたの不安や寂しさを伝えることで、彼はあなたの感情を宥めるために「来週末はずっと一緒にいようよ」だったり「元彼はそんな人だったんだね。あまり都合を変えないようにしてみるよ」と代案を出してくれるでしょう。

見捨てられ不安が強すぎて、気疲れしてしまう問題

「私なんて面白くない女だからいつか相手が離れていってしまうのでは」。不安に圧倒されそうで、交際相手がいる時はいつも疲弊しがちな繊細さん。

見捨てられ不安は二人の関係性の終わりを考えてしまうからこそ、自分から相手が離れるのではないかと行動のすべてに対して疑心暗鬼になることから始まります。

これは繊細さんの感受性をネガティブな方向に使ってしまっている時なんですね。過去のトラウマティックな出来事を引っ張り出して、そうならないようにその前兆に気づこうとする。常に相手の動向に怯え、様子をうかがっている状態が続いているので、当然ながら疲弊してしまいます。

ですが、二人の関係がものすごく良くてお互いに楽しいと思っているならば、その関係性は終わらないんですね。もっと一緒にいたいと思うので関係性は深まっていずれは結婚という形になるでしょう。

見捨てられ不安を感じたら、目の前の相手とどう良い関係性を作れるのか、未来に意識を向けてください。そしてその未来を呼び寄せるために、今何をしたらいいか、**繊細さんの感受性を未来を掴み取る方向に使って**みてください。

「彼の言動に不安を感じてしまう。だったら、コミュニケーションを上手にとるためにカップルカウンセリングに誘ってみようかな」「外でデートしていると、買い物に時間を持っていかれやすいので、途中途中で休憩を挟んで、その都度話ができるようにしよう」などですね。

繊細さんは自覚していないことが多いのですが、繊細さんのような女性は滅多にいません。相手のことを本当に思いやって行動できて、日常のあらゆることを楽しみ尽くすことができる。本来は相手がずっと一緒にいたいと思えるパートナーとしてふさわしいのです。未来のために行動していければ、相手との関係は変わってきます。

相手があなたのことをとことん思ってくれるようになるので、見捨てられ不安を感じることもなくなります。別れるという選択肢がなくなってしまうのです。

頭が過去の不安に引っ張られそうな時ほど、未来のためにどうしたら良いのか感じ取るようにしてみてください。彼はあなたといる時間を特別なものに思うでしょう。

自分の感受性を広げるだけで、男性とのコミュニケーション障害はなくなる

「男の人って何を考えているかわからないから怖い」という意見をよく聞きます。

それは会話や行動の主体を男性にあるものだと思っているからなんですね。女性側がその価値観を察知して合わせる形にすると、相手の価値観がよくわからないままに行動をともにすることになるので、疲れてしまいます。そのために、男性とのコミュニケーションが苦手だと思ってしまうんですね。

ですから、相手との関係の中では「自分の豊かな感受性を広げながらコミュニケーションをする」ことを意識してみてください。

自分の感受性はどんどん拡張することができるものです。相手のことを思いやってデートの場所を提案できるなら、その気遣いを一緒に住む部屋のインテリアを整えることに使

ってみたり、居心地の良い空間になるように家具を置いてみるようにしてください。

またはは料理が好きならば、今度はこれを一緒に作ってみようと誘ってみるのも良いですね。

女性の方が買い物は得意なことが多いので、これを買うならこのファッションビルに行こうと提案してみてください。

喜びに対する感受性や美的センスは、本来様々な方向に広げていくことができます。繊細であるというだけで人は無限の可能性を秘めています。永遠にずっと楽しいことを二人で見つけて楽しみながら生きていくことができるのです。

あなたの喜びの源に、相手を誘ってみてください。

自分の意見を言うには感受性の低い相手を選ぶ

繊細さんはとっさの一言や言うべき場面で言葉が出てこない経験をしています。それは自分の行動が引き起こすあらゆるリスクをいつも考えていて、相手への愛情や好意を適切な形で伝えることを念頭に置いているために、心のエネルギーがマイナス方向に振り切っているからなんですね。「嫌われない」ために自分の言動を逐一コントロールすることに、全身全霊をかけています。

ブレーキをかけながら車のエンジンをかけても、前に進まないのと同じです。ですから、意見がないと思われたり、受け身だと思われやすいんですね。この傾向は相手が同じく繊細で計算高くてあれこれ察知するタイプだと余計に強まります。悪く思われないように萎縮して思うように話ができなくなってしまうでしょう。

繊細さんは自分と同じ感性を持っていて、察知する能力のある人を求めてしまいがちですが、滅多にいない上に同じ能力を持っている人が揃うと、二人して疑心暗鬼の穴から抜け出せなくなってしまいます。

ですから、**感受性がそこまで高くなく、深く考えていない相手の方が繊細さんとうまくやっていける**のです。相手の感受性のなさを二人の宝物にするということですね。そこまで何も考えていないだろうと思える相手なら、心の内を話しやすくなると思います。

そして、本音を言ったら相手がどう思ったか確認してみること。そうすると、ほとんどの場合で本当に相手は何も気にしていなかったりします。自分が想像していたことの三分の一も恐れる必要がなかったと気づけるでしょう。

相手の感性の程度がわかれば、繊細さんも相手と同じぐらいの感受性で相手とコミュニケーションできるように調整することができます。

私の言うことをわかってくれない！虚しさを安心に変える方法

繊細さんにお勧めしたいのは、自分の思っていることをノートに書いてみることです。

例えば、「何かあったら言ってね」と言われた時。繊細さんならこう考えるのではないでしょうか。

「私にすごく気を遣って言ってくれているだけかもしれない。もしかしたら本気で言ってくれているかもしれないけど、この人は私に気を遣ってくれる人だから、私が本気で甘えてしまったら、苦しくなってしまうのでは？　ちょっと様子を見てみようかな。嫌われたら嫌だな」という心の中の問答を続けていると思うんです。ノートに言葉にしてみたら、結構なスペースを消費するのではないでしょうか。

視覚化してみると、本当に色々なことを考えていることがわかりますね。

その次に、相手になぜそう言ってくれたのか言葉がけの理由を聞いてみてください。大抵は「その場の思いつきでただ言っただけ」ということが本当に多いのです。あなたがノートに書いた文量からすると圧倒的に少ない文字数で済むはずです。そう、これくらい繊細さんと普通の人の考える量は違うんですね。

私の言うことをわかってくれる人がいないと嘆く繊細さんは多いですが、同じ繊細さを持っていないからこそ、気軽に会話することができます。相手の気軽さを自分の中に取り入れることができるので、二人の間で関係性を作っていくことが可能になるのです。

相手が繊細ではないという点にフォーカスして苦しくなってしまうこともありますよね。

ですが、相手が繊細ではないからこそ、あなたが救われる面もたくさんあるはずです。いろんなことを突き詰めて苦しくならずに済む。それは普通の人の感受性だからこそできることです。

パートナーと感性が異なることに虚しさを感じたら、それは安心感・安定感と表裏一体であることを思い出してほしいのです。

好みじゃない男性に出会いすぎて、自尊心が傷ついてしまう問題

「アプリで会った人に好かれたんですけど、その人が本当に失礼な人で、待ち合わせ場所にも遅刻するし、会ったばかりなのになぜ婚活しているのかしつこく聞いてきて、本当にデリカシーがない。こんな人にしか出会えないなんて、どうして私のところには変な人ばかり寄って来るの？」と自尊心を傷つけられてしまう。

相手の性質を自分の価値と結びつけて、思い悩んでしまう繊細さん。

ですが、自分のフィールドと異なるところに一歩踏み出して相手に会う場合、自分の好みではない人と会うことは普通のことなんですね。世の中には本当にいろんな人がいますから、会う人の性質と自分の価値はイコールではありません。

そして相手のことを判断する際には、どうしても**変えられない部分と後から変えられる部分を分けて**考えてほしいのです。

例えば、最初に会った時は相手も緊張しているので、初めてのデートでは会話がうまくいかなかったり、お店選びがもたつくこともあるでしょう。好みの場所に連れていってくれないかもしれません。または明るく振る舞おうとして、テンションが高すぎたりすることもあるでしょう。

会話やエスコートの洗練性は、後からいくらでも学んで身につけることができます。ですから、ここは大目に見てあげてほしいのです。

性格がよくて女性に優しいけれど、それを表すのが下手な男性はたくさんいます。普通の男性でもできないことはありますから、そこはいったん見逃しましょう。お互いに緊張が解けてリラックスして話せるようになれば、話し合ってお互いの妥協点を見つけ出せるようになります。

すべての側面において繊細さんの感覚に合う人となると、ほとんどいないということになってしまうので、変えられる部分に関してはまずはいったん様子見にしましょう。

その一方、どうしても変えられない部分で嫌なところがあると感じた場合は、すぐに断ってもいいと思います。例えば、衛生観念が低くて不潔であるとか、すぐに人の話を遮って自分の自慢話を始めてしまうなどがそれに当たります。これは相手もそう簡単に変えることができませんし、繊細さんも本能的に嫌だと感じて妥協できないので、「もう少し会ってみれば自分が変わるかも」「相手も直してくれるかも」と思って期待せず、離れるようにしましょう。

Column

これまでと違う恋愛相手を選ぶ際に気をつけたいこと

相手を判断するために、繊細さんと付き合える要素を持っているかどうか、ぜひ確認してください。

◯繊細さに共感できなくとも否定しないか

「僕は君の気持ちはわからないけれど、君はそうなんだね」とあなたの価値観やあり方を肯定してくれるかを確認してください。

共感ではなく、あなたの境界を守ってくれるということ。

「僕もあなたの気持ちがわかるよ」と言ってくれる相手は同じ繊細性を持ちすぎて、何か起きた時にお互いにパニックになったり混乱から抜け出せなくなってしまいます。同じではなく違う良さを持っているかどうかに着目してください。共感性を人生の軸にしないことで、結果としてうまくやっていけます。

○あなたの繊細性と合致しなくても、人生をしっかり生きているかどうか

繊細さんの「人生を着実に生きていく」ことには色々な定義があると思います。受験勉強をして大学を卒業して、堅実な会社に入って人間関係を円滑にして、交友関係は幅広く……と多種多様な条件があるはずです。

ですが、その繊細性とは合致しなくとも、着実に人生を生きている人はたくさんいます。交友関係はごく狭いけれど、仕事はきっちりこなす人。厳しい環境で、自分の力で這い上がってものにしてきた人。相手の人間性や生き方を客観的に見るようにしてみてください。

◯繊細さを受け止めて抱擁してくれるか

繊細さんと相性が良いのが**父性の強い人**です。揺れ動く気持ちですぐに引きこもったり苦しい際に、そうなんだねと認めて受け入れてくれる人が必要です。親でもしてくれなかったような、深い受容をしてくれるかどうかをよく見てください。

◯違う分野でこだわりを発揮できるか

お互いが異なる分野に興味があり、こだわりがあると関係はうまく継続します。お互いのこだわりに干渉せずに過ごせるからです。あなたが得意なことはあなたが管理する。相手が得意なところは相手が管理する。お互いにこだわっている箇所をそれぞれでコントロールできた方が、精神的にも楽なはずです。

婚活では同じ感性や同じ趣味というところに焦点を当てがちですが、こだわりポイントは異なる方が良いのです。

○相手の人生のこだわりポイントに共感できるか

相手の人生観の中で、何にこだわっているのかをよく見てください。趣味にとことん生きる人なのか、何事にも正義感を持って対応したいのか、仕事をきっちりこなすことにかけているのか、など内面の癖に関してあなたが同意できるのかが大切です。

内面の根幹である人生観について同意できるのであれば、相手の生き方自体を肯定できるようになります。容姿や年齢、職業や学歴だけに引っ張られずに相手を判断できるようになるでしょう。

○あなたのこだわりポイントに金銭的な制限をかけないか

相手がお金を持っているかどうかではなく、こだわりポイントに対してお金を使うことを許容してくれるかどうかを見てください。相手が仮にお金持ちだったとしても、相手にはお金を使わない、むしろ安上がりであることを誇るようであると、繊細さんの感受性が守られません。

お金をたくさんかけることと感受性を守ることはイコールではありませんが、気にしてこだわる以上、多少はお金がかかるはずです。話し合ってそこを許容してくれるか、見極めましょう。

◯共感よりも改善をしてくれるか

共感してくれる相手の方が良い人に見えますが、合わせてくれるだけではお互いの抱えている問題や人生がうまく立ち行かなくなることがあります。何か**問題があった際に改善案を提案**して、一緒に行動できるかどうかを見ましょう。人生が劇的にうまく進むようになります。

◯一時的な楽しみよりも、未来を作ろうとしているか

恋人が素敵なレストランに連れていってくれたら、繊細さんの感受性はとても満たされます。ですが、そうした目先の楽しさだけではなく、未来の生活を一緒にどうしていけるか、展望を持って行動してくれる力があるのかが大切です。誕生日にくれるプレゼントの値段よりも、二人の生活について考えて準備をしているかどうかを見てください。

CHAPTER 6

二人でもっと幸せになるためにできること

「ずっと仲の良いパートナーがいる」人生を叶える

親密さを育てるコミュニケーション

この章まで来たあなたは、繊細なあなたに合った相手と安定的な関係性を数ヶ月続けることができたと思います。その上で、関係性がより永続的なものになる会話のポイントを解説します。

それはあなたの繊細さを「相手を褒める」「相手の心が和《やわ》らぐような気遣いをする」「あなた自身ができないことを積極的に伝える」「相手の協力を得てあなたの悪いところを直していく」方向に使うことです。

例えば、あなたが落ち込みやすい特性を持っているとします。その際は「あなたはドライブが得意だよね」（褒める）、「だから、落ち込んでいたらどこかに連れ出してくれない？」（できないことを伝える）とお願いしてみてください。相手が話すことが得意だったら、「あなたの話っていつも面白いから」（褒める）、「落ち込んでいたら自分ではなかなか抜け出せないから、面白かった話をして気を紛らわせてくれない？」（できないことを伝える）とお願いしてみてください。

そして相手がそのお願いに答えてくれたら、相手へ気遣いをしてみる。ドライブ中に飲み物をこっそり買って用意したり、どこが面白かったか具体的に伝えるのもいいですね。

大事なのは相手の協力を得て自分の欠点を補っていくことです。

相手の得意なこと、できることであなたの抱えている困難をカバーしていきましょう。

相手の力を使うことができれば、自分の本質そのものは変えなくとも、傷ついたり困ったりすることがなくなります。

本当に特別な恋人になるためのアイデンティティレッスン

好きな相手の特別な存在になりたい。そう憧れる繊細さんは多いですね。この本では繊細さんとひとくくりにして解説してきましたが、本来、繊細さとは人によって全然違うんですね。

面白い発想をして、イベントごとやデートプランを決めることが得意な繊細さんもいますし、細かいことを調べて準備するのが得意で、旅行のプランの抜け漏れや予約ミスをチェックするのが得意な繊細さんもいます。または、その場その場の空気を読むのに長けていて、ノープランで外に出ても、それなりに楽しむことができる繊細さんもいるでしょう。

あなたにはあなたの繊細さとアイデンティティがあります。自分の繊細さが何に特化したものなのか、自覚することが大切です。自覚することで、相手により積極的にどう振る舞えばいいのかわかりますし、自信につながります。

「私はすごく繊細だけれど、お店選びはとことんこだわることができる」「私はとても繊細だけれど、その分相手の感情を読み取ることができる」。そのアイデンティティを心の真ん中に置くようなイメージを持ってください。自分の能力を自覚している人はとても魅力的に見えますし、相手が放っておきません。

甘え方レッスンで男性を虜にする

上手に甘えるポイントは、「誰かの上辺のテクニックを真似するのではなく、**自分の弱さを正直に表現すること**」です。

弱さを抱えているということは、相手に守ってもらえるのが得意であるということです。できないこと、苦手だと思って我慢していたことは、素直に言葉にするようにしてみてください。愛情のある相手なら「できない」「苦手」と言われれば、助けたい、なんとかしたいという気持ちになります。

辛くて泣きたいという気持ちだったら、我慢せずに本当に泣いてしまってもいいのです。

「モテる女性はいつも笑顔」「恋人の前ではいつも余裕でいましょう」「今、モテる女性は自立していて穏やかな人」という世間の恋愛テクニックは忘れてください。

あなたはあなたのままでいるだけで、上手に甘えることができるのです。

人生を思うようにコントロールする陰陽の関係

繊細さがあるために、相手との争いや人への不信感につながってしまう。それは繊細さが持つ負の側面です。自分自身を追い詰めて、何もかもに絶望してしまう。それは繊細さんが持つエネルギーをマイナスの方向に使ってしまっているからなんですね。

すべての物事には裏と表があります。ですから、繊細であることにマイナスの側面があるなら、プラスの側面もあるのです。あなたは今まで繊細さを自分が傷つく方向に使っていました。ですから、その繊細さを反対のプラスの方向に使うことを意識してみてください。

相手との関係をより良いものにするために感受性を使うこと。人に感受性を使って思いやれる自分を誇りに思うこと。相手の顔色をうかがって機嫌が悪くないか気にすることにエネルギーを使っていたのなら、体調がいいか悪いかを判断することに切り替える。そして、それを相手に「今日は疲れている？」と聞くことで、思いやってみる。

自分の本質を陰陽どちらに使うか。本質をプラスに使うことができれば、本質を捻じ曲げることなく、強くなる必要もありません。ポジティブになろうと無理に明るくする必要もありません。ただ本質そのままでいれば、何もしなくともプラスの側面を持っているからです。

トラウマに囚われて抜け出せなくなったり辛くなったりするのは、繊細であるからではありません。繊細という自分の本質の取扱説明書を、自分でわからずにいたからです。陰陽の本質を理解できれば、自分の性質を上手にコントロールすることができるようになります。

繊細さんのリーダーシップ術

繊細さんとリーダシップは相容れないもののように感じるかもしれませんが、本当は繊細さんがリーダーシップを取ることはできます。

それは愛情のリーダーシップを取るということです。またはその場の雰囲気を豊かにするリーダーシップとも言えるかもしれません。繊細さんは想像力が豊かです。ですから、相手と一緒に解決する形でリーダーシップを取りましょう。

「北海道に旅行に行きたいと思うのだけれど、どのサイトで取るのが一番いいのかわからないから、予約は任せていいかな?」「考え込みすぎちゃうことがあるから、気がついたら、考えすぎだよって言ってほしい」などですね。

相手の力を自分の力にすること。その補完関係を作るために、相手の力を借りながらリーダーシップを取ることを意識してください。何も一から十まで率先してやることがリーダーシップではありません。考えを出して、一緒にやってもらえないかお願いをするのもリーダーの役割です。

誰かを引っ張っていく経験がなくても、リーダーにはなれます。あなたの才能を活かしていきましょう。

結婚を意識したらどうしたらいいの？

運命の相手はこの人と決めて、ずっと一緒にいたいと思えること。これはとても素晴らしいことですね。その際は**将来設計図を一緒に作る**ことをお勧めします。

頭の中にはこうしたい、あんな生活を送りたいという考えがあると思います。それを現実化するために、行動に落とし込んでみましょう。「本当に結婚したらどうなるのだろう」「すれ違い生活にならないかな？」と不安に襲われやすいところですが、そんな時こそ行動に移してほしいのです。

「二人で暮らしたら疲れたり嫌な側面を見られないかな」と不安になったら、「じゃあ長旅して一緒にいて何か不具合が出ないか試してみよう」「休暇の間は相手の家で生活してみよう」などですね。

一人で抱え込まずに相手に開示することで、相手は自身の素晴らしい側面を使って行動に移してくれるでしょう。一人で先走らずに、相手と一緒に協力してやってみましょう。

相手があなたをいつも守ってくれる正しい頼り方

相手があなたが困った時にいつも助けてくれるように、苦手なことをリスト化して言葉に置き直しておきましょう。

- 初対面の人に会うと緊張するので前もって言ってほしい
- 急な予定変更にはついていけなくなるので、予定を変える時は言ってほしい
- ゴミゴミした場所に行くのは苦手なので、休憩を挟んでほしい
- お皿の洗い方にこだわりがあるから、皿洗いは任せてほしい

怒ってないか心配になるから、機嫌が悪くないサインを出してほしい……など

不思議な話なのですが、言葉にして伝え、相手がそれに対応してくれることを繰り返すと、苦手だと思っていたことも徐々に平気になっていきます。正直に弱さを自己開示していってください。

「二人の世界観」構築レッスン

親密な仲になるためには、**「普通のカップル」や「普通の家族」という概念を取っ払う必要があります。**

どうしても周りの意見や一般論を気にしやすい繊細さんですが、繊細さんの幸福な世界は普通と同じではありません。とても仲が良いけれど、異なる家に暮らしていてもいい。結婚しても子どもを持とうとしなくてもいい。スタンダードな家族像に合わせなくていいのです。

パートナーシップの相手は世間や周りの人ではありません。彼一人です。二人でどうしていくことが幸福なのかを追求することが大切です。仲が深まっていくと家族に紹介されたり、彼の友人に会ったり、周囲から結婚を勧められたりして、「普通」や「常識」を意識しやすい時期ですが、「私たちはこれで幸せだよね」と二人で幸福の形を決めていってください。

周りの人の人生ではなく、あなた自身の人生に集中してください。何が幸福であるかは、あなたと彼が知っています。

「どうしてわかってくれないの?」と言いたくなったら

繊細さんの感性と普通の人の感性は違います。ですから、相手は繊細さんのことがわからないのが普通なんですね。

「こうしてくれるのが普通じゃないの?」「見てたらわかるでしょう?」と思わずに自分の感受性を少し下げて、「ああ、私の思うような行動はしてくれなかったけれども、相手なりに愛情を示そうとしてくれていたんだな」と相手の行動の真意を受け取ってみてください。

　または、自分のしてほしいことを行動ではなく、わかりやすく言葉で説明してください。「わかってくれないのは当たり前だよね。でも、重たい物を持っていて手が疲れたから、一緒に持ってほしいな」と伝える。

　そうすれば、彼からあなたが得たいと思っている行動や愛情は得られます。言葉にすることであなたの不満は解消され、手に入れたい感情がどんどん与えられるようになるでしょう。

Column

いつの間にか疲れすぎてない？　繊細さんの自己管理チェックシート

繊細さんに気をつけてほしいのは自己管理です。人との出会いが増えると、自分のことがおそろかになったり、いつの間にか疲弊してしまいます。チェックシートをもとに、自分を守っていきましょう。

◯自分が許容できる範囲の付き合いであるのか

人は我慢したりせずに、自然と許せる範囲が決まっています。こういった状況は嫌、これ以上踏み込まれると不快感を感じること、聞かれて嫌なことが何なのかを自分で把握しましょう。例えば身長にコンプレックスがあってそれについて触れられたくない、恋人でも髪の毛に触られたくない、初対面で自宅の場所を聞かれるのが苦手などです。許容範囲外の言動をされた場合は、無理せずに距離を取りましょう。

○境界線を飛び越えてアドバイスや意見をしてきていないか

繊細さんは自分の境界線を飛び越えて、何かを強く言われたり指示されたりすると、それに従わなくてはならないと感じ、ストレスになります。繊細さんのためを思ったアドバイスであっても、踏み込みすぎた発言であったり、言われて不愉快に感じるようであれば、その人とは距離をおいた方がいいでしょう。

○疲れない気遣いの範囲を守っているか

気遣いをするのが繊細さんの特徴ですが、どこまでであれば疲弊せずに気を遣えるのか、どこからは気を遣いすぎて疲れるのかを把握しておくことが大切です。一対一で話すのは苦もなくできるけれど、相手の友人と一緒に話すのは気を遣いすぎて困るなど線引きがあるはずです。線を越えそうな場合は相手にお願いして断るか、別の方法にできないか相談してみましょう。

○苦手な感情のやり取りがないか

繊細さんは相手から感情をぶつけられたり、イライラしているところに遭遇したりすると、自分のせいだと感じて疲弊してしまいます。相手の感情の起伏が激しかったりすると、その混乱に引っ張られてしまうので、相手の感情の出し方で今後の関わり方を判断した方が良いでしょう。「でも根はいい人だから……」と我慢する必要はありません。

おわりに

繊細だからこそ、あなたは幸せになれる

繊細であることで、あなたはたくさん傷ついてきました。もしかしたら、この性格があるから自分は幸福にはなれないのだと、人生に深く絶望してきたかもしれませんね。せっかく魅力があるのに長い間パートナーがいなかったり、婚活で散々苦労したり、裏切られたり騙されたり、人一倍孤独を感じていたのではないでしょうか。もう一生独り身なのだと思い込んで、街ゆく家族連れやカップルを見て思わず涙を浮かべてしまったり……。

それでも、私のところに相談に来てくれた相談者の方は「自分も温かい関係、受け止めてくれる相手がほしい。愛されたい」という強い熱意を秘めています。そして、繊細な心の適切な扱い方を知るとみるみる変わっていきます。

「自分の趣味の場で、もうこれ以上ないくらい素敵な人に出会えました。これまでちゃんとした人に出会えると思って使っていたアプリや相談所では出会えなかったタイプの人です。この歳ではもうこんな人とは付き合えないと思っていました」

「これまでは私が相手に惚れ込んで、何度も何度もアタックして付き合ってもらう状態が多かったのに、今のパートナーからは逆に付き合うことを懇願されたんです。それも、自分が到底お付き合いできないと思っていた好条件の人です。こんなことが自分の人生に起こるなんて……」

「彼から溺愛されるようになりました！　モテテクニックではまったく効果が得られなかったのに、こんなの初めてです。自分は恋愛をこじらせているからもうダメなんだと思っていたのに、今では彼からいつも愛情をもらえて夢のようです」

相談前は悲嘆に暮れたり、時には目に涙を浮かべていた相談者の方がたった数ヶ月で花のような明るい笑顔を見せている。繊細さんのこれまでの苦しかった過去を知っているからこそ、私も感動する場面です。辛く寂しい冬の時代から、心が溶け出すような暖かな春の陽気へ。繊細さんはいつも人生の鮮やかさを体現していると私は思います。

自分を受け入れて、自分の繊細さに合わせた取り扱いをすること。ただそれだけで人生は激変します。

繊細さんは自分の取り扱いを知るだけで、人一倍幸福になれるのです。SNSで羨ましいと思っていたインフルエンサーのカップルライフも、早くに結婚した地元の友人も比較にはなりません。夢だと思っていた関係が、まさにあなた自身の人生で花開いていくのです。

あなたがもし、人生に傷つきと悲しみを抱えているならば、必ずその先には明るい未来が待ち受けているでしょう。どうか涙を拭いて前を少しだけ向いてみてください。

私にはあなたがこれまでのトラウマや傷つきを乗り越えて、もうこれ以上ないというくらい素晴らしいパートナーを得て、新しい第二の人生の扉を開いていくところが目に浮かびます。この本がそのお役に立てたなら、これ以上嬉しいことはありません。

●著者エージェント：遠山怜［pen light］
●装丁・本文デザイン：阿部ともみ［ESSand］

斎藤 芳乃 さいとう よしの

女性の恋愛・結婚の問題を解決する心の花嫁学校マリアージュスクール主宰。「自尊心」の大切さを訴え不幸の根本的な原因を解放し、潜在意識を使って現実を変化させる心の専門家として活躍中。そのメソッドは女性誌などでたびたび紹介され、未婚・既婚を問わず幅広い年齢層の女性から圧倒的な支持を受けている。著書に、『何歳からでも、誰もが憧れるイケメンエリートから求められ、大切にされ、愛される方法』（KADOKAWA）、『たった4日間で潜在意識を変え、お金を増やす本』（PHP研究所）、『恋愛レッスン 永遠の絆のつくりかた』『一週間で自分に自信を持つ魔法のレッスン』（SBクリエイティブ）ほか多数。

繊細すぎるあなたの恋のはじめ方

2024年2月18日　初版印刷
2024年2月28日　初版発行

著　者 ―――――― 斎藤芳乃

発行者 ―――――― 小野寺優

発行所 ―――――― 株式会社河出書房新社
〒151-0051　東京都渋谷区千駄ヶ谷2-32-2
電話　03-3404-1201（営業）
　　　03-3404-8611（編集）
https://www.kawade.co.jp/

印刷・製本 ―――――― 株式会社暁印刷

Printed in Japan
ISBN978-4-309-30033-7